C

06 · 관습형

10대를
위한

홀랜드 유형별

유망
직업
사전

현선주, 강서희, 오규찬, 오지연, 이영석, 한승배 지음

(주)삼양미디어

"선생님! 저는 제가 뭘 좋아하는지 모르겠어요."

이 말은 학과나 진로 탐색 과정에서 학생들이 자주 하는 질문입니다. 이 질문의 해결 방법을 찾기 위해 많은 학교나 단체에서 진로심리검사를 합니다. 진로심리검사에는 흥미나 적성, 가치관 등을 알아보는 여러 검사가 있지만 대부분의 중·고등학교에서는 학생의 흥미를 알아보는 홀랜드 검사를 많이 실시하고 있습니다.

홀랜드 검사는 사람의 성격과 흥미 특성을 6가지 유형으로 구분하고, 이와 관련된 직업을 선택할 수 있게 한 검사입니다. 물론 홀랜드 검사를 했다고 해서 자신의 흥미를 다 알게 되거나 나아갈 분야를 곧바로 결정할 수 있는 것은 아닙니다. 때론 뜻밖의 검사 결과가 나와 '내가 이런 흥미가 있었나?' 생각하게 될 때도 있습니다. 검사 결과를 무조건 믿고 따르는 것도 좋은 방법은 아닙니다. 그렇다면 진로심리검사가 의미가 없는 걸까요? 그렇지는 않습니다. 검사를 하는 과정에서 자신에 대해 좀 더 생각해 보게 되고, 검사 후에는 나온 결과를 바탕으로 진로를 탐색하는 과정을 거치도록 동기를 부여하기 때문입니다.

진로심리검사는 참고 자료로 보는 것이 좋습니다. 중요한 것은 검사 결과를 보는 것이 진로 탐색 과정의 '끝'이 아니라 '시작'이라는 것입니다. 하지만 많은 학생들은 자신의 흥미 유형과 추천 직업을 확인하고는 그냥 지나쳐 버립니다. 정작 흥미와 관련한 직업을 알아보는 진로 탐색 활동을 하지 않고 있습니다. 수업이나 진로 상담을 통해 관련 직업을 살펴보기도 하지만 시간이 부족하여 깊이 있게 다루지 못하는 한계가 있습니다.

대안으로 학생들에게 책을 추천하려고 해도 홀랜드 유형으로 직업을 구분하여 설명한 책은 찾기가 어렵습니다. 홀랜드 유형으로 직업을 구분해야 해당 유형의 직업을 다양하게 살펴볼 수 있고 2, 3순위로 나온 유형과 관련한 직업도 함께 탐색할 수 있습니다. 이러한 문제를 조금이

나마 해결하기 위해 진로 선생님들이 모여 '홀랜드 유형별 유망 직업 사전'을 쓰게 되었습니다.

이 책에는 홀랜드 검사의 6가지 유형별로 유망 대표 직업 20개를 뽑아 총 **120개**의 직업을 안내하고 있습니다. 해당 직업이 어떤 직업인지, 하는 일은 무엇인지, 필요한 능력은 무엇인지, 미래의 직업 전망은 어떠한지, 어떤 자격증이 있어야 하는지 등을 상세히 풀어놓았습니다. 또 그 직업인이 되는 경로인 **'커리어 패스'**도 있어서 **진학 설계**에 도움을 받을 수 있고, 직업과 연관성이 큰 대학의 대표 학과에 대한 소개도 상세히 넣었습니다. 무엇보다 "이 분야로 가려면 중·고등학교 시절부터 뭘 준비해야 하나요?"라는 물음에 답할 수 있도록 '학교생활 포트폴리오'에 동아리·봉사·독서 활동, 교과 공부, 교외 활동 시 준비할 것을 정리하였습니다. **'학교생활 포트폴리오'**를 통해 **'학교생활기록부'**를 잘 관리한다면 **'학생부 종합전형'**을 대비하는 데 많은 도움이 될 것입니다.

'진로'나 '꿈'이 곧 '직업'은 아닌데 꿈을 이루기 위한 수단인 '직업'에 주목하다 보면 직업이 인생의 '목표'나 '꿈'이 되어 버리거나 생각의 폭이 좁아질 수 있다는 우려도 있습니다. 맞는 말입니다. 그럼에도 '직업'에 관심을 가지는 것은, 학생들은 '꿈'을 쉽게 체감할 수 없고 먼 미래의 일이라 생각하여 자신의 꿈을 위해 체계적으로 준비하지 못하는 경우가 많기 때문입니다.

자신의 진로를 결정하는 데 도움이 되는 방법은 여러 가지가 있지만 무엇보다 자신이 직접 겪은 경험만큼 확실한 것은 없습니다. 의미 있는 시행착오를 겪을수록 자신의 진로를 분명하게 알 수 있습니다. 학생들에게 꿈을 직업으로 정했을 때의 문제와 한계를 알게 하고, 그럼에도 직업으로 접근하는 이유를 제대로 알린다면 크게 걱정할 필요는 없다고 생각합니다.

끝으로, 이 책이 자신의 진로를 찾아 행복한 삶을 살아가는 데 조금이나마 도움이 된다면, 나아가 진로 탐색의 길잡이 역할을 할 수 있다면 더할 나위 없겠습니다.

지금 이 순간에도 자신의 진로에 대한 건강한 고민을 하고 있을 수많은 학생 여러분! 여러분의 꿈을 응원합니다.

– 저자 일동

구성과 특징

COMPOSITION

1 관련 학과
소개된 직업과 관련성이 높은 대학의 학과 정보가 궁금하다면 해당 페이지에서 확인할 수 있습니다.

2 직업의 세계
해당 직업과 관련된 시사성이 큰 이슈나 뉴스 등을 소개하여 그 직업의 세계를 개략적으로 이해할 수 있게 하였습니다.

3 직업 관련 사진
직업을 대표하는 사진으로 시작하여 흥미를 유발하였습니다.

4 하는 일
직업이 하는 일을 쉽게 이해할 수 있도록 설명하였습니다.

5 그것이 알고 싶다
직업과 관련된 여러 가지 정보나 용어, 흥미로운 이야깃거리 등을 소개하였습니다.

6 필요한 능력
해당 직업인에게 필요한 능력을 소개하여 장차 그 직업인이 되기 위해 갖추어야 할 것이 무엇인지 알 수 있게 설명하였습니다.

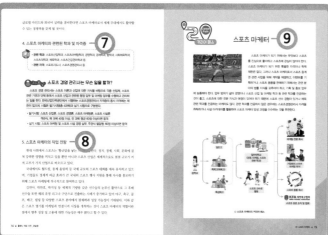

7 관련 학과 및 자격증

해당 직업과 관련된 대학의 학과와 필요한 자격증을 제시하였습니다.

8 직업 전망

해당 직업의 현재 상황과 미래의 전망을 사회의 변화나 경제 상황, 기술의 발전 등을 고려하여 예측해 보았습니다.

9 커리어 패스

해당 직업인이 되기 위한 다양한 중·고등학교와 대학교 진학 및 이후 진로 경로를 상세히 소개하고, 한눈에 이해할 수 있게 그림으로 표현하였습니다.

10 대학교 관련 학과

해당 직업과 관련성이 높은 대학교의 학과를 소개하였습니다. 학과에 적합한 적성과 흥미, 관련 자격증이나 면허, 관련 학과, 진출 가능한 직업, 진출 가능한 직장의 분야 등을 상세히 소개함으로써 직업과 학과를 폭넓게 이해할 수 있게 구성하였습니다.

11 학교생활 포트폴리오

해당 분야의 직업인이 되기 위해 중·고등학교 시절부터 준비하면 큰 도움이 될 학교생활 포트폴리오를 제시하여 상급 학교 진학에 도움이 될 수 있게 하였습니다.

01 홀랜드 검사란?

세상에는 수많은 직업이 있고, 사람들은 다양한 직업에 종사하며 살아갑니다. 그런데 직업을 가진 사람들 중에서 자신이 정말 원하는 직업을 갖고 있는 경우는 의외로 드물다고 합니다. 자신의 적성과 능력에 잘 맞는 직업을 선택하여 살아간다면 즐겁게 일할 수 있고, 능력을 발휘할 기회도 많아져서 삶 자체가 더욱 행복해질 수 있겠지요. 그렇지만 자신의 적성과 흥미에 맞는 직업이 무엇인지를 아는 일은 쉽지 않습니다. 이럴 때 도움을 받을 수 있는 것이 적성 검사나 흥미 검사입니다. 이러한 검사를 통해 자신이 좋아하고 관심 있는 분야에 대해 알 수 있고, 자신의 성격과 장점을 보다 잘 파악할 수 있습니다.

오늘날 진로와 적성을 탐색하는 검사 방법이 많이 개발되어 있는데, 그중에 이 책에서 소개하고자 하는 것은 홀랜드 검사 방법입니다.

홀랜드 검사는 미국의 저명한 심리학자 존 홀랜드가 사람의 직업적 성격 이론에 근거하여 만든 진로 및 적성 탐색 검사입니다. 홀랜드 검사에서는 이 세상에 존재하는 모든 직업을 특성이나 종사하는 사람들의 성격에 따라 6개의 유형으로 구분하고 있으며, 6가지 진로 유형을 'RIASEC 유형'이라고 합니다. RIASEC은 R형(Realistic, 실재형), I형(Investigative, 탐구형), A형(Artistic, 예술형), S형(Social, 사회형), E형(Enterprising, 기업형), C형(Conventional, 관습형)의 앞 글자를 딴 용어입니다.

• **존 홀랜드(John L. Holland, 1919~2008)** 미국 존스홉킨스 대학 심리학과 명예교수로서 진로 발달 및 선택 이론인 홀랜드 직업 적성 검사를 개발했습니다. 그가 개발한 '직업적 성격 이론'은 개인의 성격과 직업적 환경과의 상호 연관성에 바탕을 두고 확립되었으며, 이 이론은 현재 전 세계의 진로 발달 및 상담 학계에서 가장 많이 이용되고 있습니다.

그의 저서 〈직업의 선택(Making Vocational Choices)〉은 진로 상담 부문에서 최고의 책으로 인정받고 있으며, 고트프레드슨과 함께 출간한 〈직업코드사전(DHOC)〉을 통하여 직업사전에 있는 거의 모든 직업을 홀랜드 코드화하였습니다. 이러한 공로를 인정받아 1995년에는 미국심리학회에서 수여하는 '저명한 학자로서의 학술상'을 받았습니다.

그의 검사 중 특히 홀랜드 SDS(Self Directed Search, 자기탐색검사)가 가장 널리 인정받고 있으며, 그 밖에 NEO 청소년성격검사, NEO 성인성격검사 등도 많이 이용되고 있습니다.

02 홀랜드 검사의 직업 유형 6가지

홀랜드 검사에서는 6가지 유형을 기본으로 하여 검사 결과에서 가장 많이 나타나는 두 가지 유형을 자신의 성격 유형 및 진로 코드로 정합니다(⑩ SC형). 왜냐하면 한 사람의 성격과 흥미를 한 가지 유형으로 단정할 수 없기 때문입니다. 경우에 따라 세 가지 유형을 묶어서 표현할 수도 있습니다(⑩ SCA형). 검사 결과에서 가장 많은 유형을 제1유형, 그 다음으로 제2유형, 제3유형이 결정됩니다.

실재형 (R)

성격 · 적성 말이 적고 운동을 좋아함 / 신체적 활동을 좋아하고 소박하고 솔직함 / 성실하며 기계적 적성이 높음

대표 직업 건축공학 기술자, 애완동물 미용사, 재료공학 기술자, 항공기 정비사, 방사선사, 선장(항해사), 전기공학 기술자, 스포츠 트레이너, 비파괴검사원, 산업공학 기술자, 경호원, 기계공학 기술자, 피부관리사, 토목공학 기술자, 동물 조련사, 전자공학 기술자, 기상 캐스터, 데이터베이스 개발자, 치과기공사, 조선공학 기술자

탐구형 (I)

성격 · 적성 탐구심이 많고 논리적이며 분석적임 / 합리적이며 지적 호기심이 많고 수학적 · 화학적 적성이 높음

대표 직업 가상현실 전문가, 게임 프로그래머, 나노 공학 기술자, 디지털 포렌식 수사관, 빅데이터 전문가, 사이버 범죄 수사관, 생명 공학 연구원, 생물학 연구원, 손해사정사, 수의사, 에너지 공학 기술자, 응용 소프트웨어 개발자, 자동차 공학 기술자, 정보 보안 전문가, 증강현실 전문가, 천문학자, 항공우주 공학 기술자, 해양 공학 기술자, 화학 공학 기술자, 환경 공학 기술자

관습형 (C)

성격 · 적성 책임감이 있고 빈틈이 없음 / 조심성이 있고 변화를 좋아하지 않음 / 계획성이 있으며 사무 능력과 계산 능력이 높음

대표 직업 스포츠 마케터, 식품 공학 기술자, 약사, 웹 마스터, 전자 상거래 전문가, 정보 보호 전문가, 통신 공학 기술자, 투자 분석가, 항공 교통 관제사, 헤드헌터, 환경 컨설턴트, 회계사, 감정 평가사, 관세사, 네트워크 엔지니어, 물류 관리사, 법무사, 변리사, 보험 계리사, 세무사

What's your DREAM?

예술형 (A)

성격 · 적성 상상력과 감수성이 풍부함 / 자유분방하며 개방적임 / 예술적 소질이 있으며 창의적 적성이 높음

대표 직업 공연 기획자, 광고 디자이너, 메이크업 아티스트, 뮤지컬배우, 바리스타, 보석 디자이너, 사진작가, 성우, 쇼핑 호스트, 시각 디자이너, 웹툰 작가, 이미지 컨설턴트, 일러스트레이터, 자동차 디자이너, 작곡가, 컴퓨터 그래픽 디자이너, 큐레이터, 패션 코디네이터, 푸드 스타일리스트, 플로리스트

기업형 (E)

성격 · 적성 지도력과 설득력이 있음 / 열성적이고 경쟁적이며 이상적임 / 외향적이고 통솔력이 있으며 언어 적성이 높음

대표 직업 검사, 경기 심판, 교도관, 국제회의 전문가, 국회 의원, 기자, 도선사, 마케팅 전문가, 방송 작가, 소믈리에, 스포츠 에이전트, 아나운서, 여행 안내원, 영화감독, 외환 딜러, 카레이서, 통역사, 판사, 펀드 매니저, 항공기 조종사

사회형 (S)

성격 · 적성 다른 사람에게 친절하고 이해심이 많음 / 남을 잘 도와주고 봉사적임 / 인간관계 능력이 높으며 사람들을 좋아함

대표 직업 노무사, 미술 치료사, 범죄 심리 분석관, 상담 전문가, 소방관, 안경사, 언어 치료사, 웃음 치료사, 웨딩 플래너, 유치원 교사, 음악 치료사, 응급 구조사, 임상 심리사, 작업 치료사, 장례 지도사, 직업 상담사, 파티 플래너, 한의사, 호스피스, 호텔 컨시어지

△ 홀랜드의 RIASEC 모형

목차
CONTENTS

01 스포츠 마케터

관련 학과
스포츠마케팅
학과
16쪽

1. 스포츠 마케터의 세계

올림픽, 월드컵, 아시안 게임 등 전 세계의 이목이 집중되는 국제적인 스포츠 행사는 기업이 마케팅을 펼칠 절호의 기회이자 장이 될 수 있다. 대형 스포츠 행사가 시작되기 전부터 기업들은 자신의 브랜드 가치를 효과적으로 높이기 위해 아이디어를 짜내며 마케팅 전쟁에 대비한다.

2018년 우리나라 평창에서 열린 동계 올림픽에서 컬링, 스켈레톤, 봅슬레이 등 그동안 잘 알려지지 않았던 종목에서 선수들이 예상치 못한 좋은 성과를 거두면서 경기 장면과 각종 유행어가 많은 인기를 끌었고, 이와 함께 스포츠 마케팅이 주목을 받았다. 올림픽에 참가하기 훨씬 전부터 꾸준히 선수들을 후원한 기업부터 고가의 장비와 의상 등을 후원한 기업까지, 해당 기업들은 연일 언론과 대중의 관심을 받으면서 마케팅 측면에서 매우 큰 성공을 거두었다.

기업들이 좋은 성적을 거두어 대중에게 깊은 인상을 남긴 선수를 앞다투어 자사 광고에 기용하는 이유는 그 선수의 피나는 노력과 결실을 기업 이미지에 그대로 반영하여 마케팅 효과를 높이려고 하기 때문이다.

이처럼 스포츠를 통해 기업의 브랜드 가치를 높이고 경제적인 부가 가치를 창출하는 일련의 활동을 스포츠 마케팅이라고 한다. 스포츠 마케팅은 스포츠 경기를 상품으로 간주하고 스포츠 경기를 직접 판매, 서비스하는 것에 초점을 두는 스포츠 자체의 마케팅(Marketing of Sport)과 기업이 스포츠 경기나 대회의 후원 등을 통해 기업의 이미지 제고 및 제품 광고나 판촉 활동 등을 어떻게 할 것인가에 중점을 두는 스포츠를 활용한 마케팅(Marketing through Sport)으로 분류할 수 있다.

스포츠 자체의 마케팅은 프로구단이나 스포츠 클럽 등에서 보다 많은 관중과 회원을 확보하기 위해 스포츠 용품, 각종 시설, 이벤트, 서비스, 프로그램 등을 판매하려는 목적에서 실시하는 마케팅 활동이라고 볼 수 있다.

반면 스포츠를 활용한 마케팅은 기업 또는 조직이 스포츠를 매개로 광고, 홍보 등의 커뮤니케이션 효과를 극대화하려는 목적으로 마케팅 활동을 실행하는 것으로 보통 우리가 말하는 스포츠 마케팅이 이에 해당된다. 스포츠 마케팅의 범위에는 스포츠를 이용한 광고 활동 이외에도 스포츠 중계권 관련 사업, 스포츠 이벤트 유치, 스포츠 관련 상품 판매, 선수 지원 등이 포함된다.

스포츠 마케팅을 전문적으로 하는 사람을 스포츠 마케터라고 하는데, 스포츠 마케터는 경제적 파급력이 큰 스포츠의 가치를 극대화시켜 스포츠 관련 행사와 선수들을 지원하고 스포츠 용품 판매를 촉진하는 역할을 담당한다. 스포츠 마케터는 스포츠 마케팅 서비스를 전문으로 하는 업체를 비롯해 기업 내 스포츠 마케팅 팀, 스포츠 의류 및 용품 회사, 프로 스포츠 팀, 스포츠 관련 조직 및 협회, 스포츠 미디어, 종합 광고 대행사 등 매우 다양한 분야에서 활약하고 있다.

2. 스포츠 마케터가 하는 일

스포츠 마케터는 스포츠를 통해 기업의 브랜드 가치를 높이는 일 이외에도 스포츠 상품을 기획하고 홍보하여 소비자에게 직접 판매하는 일도 한다. 또한 스포츠 선수를 발굴하고 관리하여 선수의 가치를 끌어올려 스포츠 스타로 성장할 수 있도록 돕기도 한다.

각종 스포츠 대회의 후원, 개최, 진행을 통해 기업 브랜드를 노출하여 대중에게 인지도를 상승시킬 수 있도록 기회를 마련한다.

트렌드에 맞게 스포츠 상품을 기획, 홍보, 판매하고, 광고 및 이벤트 유치 등을 통해 기업과 스포츠를 연계하여 기업의 가치를 재창출한다.

TV, 라디오, 신문, 잡지, 전광판, SNS 등을 통해 스포츠 선수 및 팀, 기업과 관련된 홍보와 판매 전략을 계획하고 실행한다.

잠재력을 가진 선수가 재능을 발휘할 수 있도록 선수를 관리하고 후원사와 연결하여 스포츠 선수로서 가치를 높일 수 있도록 지원한다.

스포츠 마케터는 스포츠 선수와 기업 이미지를 연결하여 서로의 가치를 상승시킨다. 또한 기업과의 마케팅을 통해 선수들에게 재정적인 지원을 함으로써 선수들이 훈련에 집중하고 실력을 쌓을 수 있도록 실질적인 도움을 주기도 한다. 한쪽에서는 스포츠 마케팅이 너무 상업적으로 치중하여 순수한 스포츠 정신이 훼손된다는 지적도 있지만, 국내의 스포츠 선수들의 환경이 열악하다 보니 기업의 재정적 지원에 의지할 수밖에 없는 현실적인 여건도 가볍게 여길 수만은 없다.

관중들은 역경을 이겨내며 승리를 쟁취하는 선수들에게 열광한다. 시간이 지나도 감동을 주는 스포츠 경기는 사람들의 입에 오랫동안 회자되고, 경기장에는 많은 팬들이 찾아와 스포츠 경기를 관람하며 서로 하나가 되기도 한다. 스포츠 마케터는 스포츠 상품의 기획, 홍보, 판매뿐만 아니라 신인 선수 발굴 및 선수 관리 등 해야 할 일의 범위가 방대하다. 또한 경기 중 날씨 변화와 선수들의 컨디션 등 여러 가지 변수를 조절하고 극복해야 하는 어려움이 있다. 그러나 스포츠를 통해 정서적 공감대를 형성할 수 있는 기회를

제공할 뿐만 아니라 세계적인 스포츠 콘텐츠를 발굴하여 중계권 관련 사업을 담당하는 등 국내 스포츠의 세계화를 이끌 수 있는 잠재력이 큰 직업이다.

그것이 알고싶다 스포츠 트레이너는 무슨 일을 할까?

스포츠 트레이너는 선수들의 건강 상태를 확인하고 선수들의 컨디션과 몸 상태를 최상으로 끌어올릴 수 있도록 훈련시키는 일을 담당한다. 선수마다 기초 체력과 근력, 순발력 등이 모두 다르기 때문에 각 선수에게 적합한 운동량과 운동 방법 등을 감독과 코치에게 제안하기도 한다.

스포츠 마케터가 선수들이 운동에 전념할 수 있도록 재정적인 도움을 주고 큰 대회에 참가할 수 있는 기회를 만드는 일을 한다면, 스포츠 트레이너는 스포츠와 의학을 결합하여 과학적으로 설계된 훈련을 통해 선수들의 기량을 최대한 끌어올릴 수 있게 돕는 조력자 역할을 한다.

3. 스포츠 마케터에게 필요한 능력

스포츠 마케터가 되기 위해서는 무엇보다 스포츠를 좋아하고 즐기며, 스포츠에 대한 깊은 애정이 있어야 한다. 스포츠 마케터는 무수히 많은 종목과 선수 중에서 해당 기업의 이미지와 가장 어울리는 종목과 선수를 찾아내야 하므로, 다양한 스포츠 경기를 관람하며 분석하고 팬들과 함께 호흡하고 느끼는 과정을 많이 경험해야 한다. 또한 각 경기 종목의 특징과 소비자의 심리를 이해하기 위해 스포츠와 소비자 심리에 대한 해박한 지식과 이해가 뒷받침되어야 한다.

스포츠 마케터는 많은 사람을 만나 스포츠 팀, 선수, 기업 간의 이해관계를 조절해야 하기 때문에 협상 능력이 필요하다. 협상을 유리하게 이끌기 위해서는 사람들을 설득시킬 수 있는 논리력과 자신의 열정과 자신감을 전달할 수 있는 배짱이 있으면 더욱 좋다.

코카콜라, 나이키, 아디다스 등의 기업이 세계적인 기업으로 성장할 수 있었던 결정적 이유에는 다양한 스포츠 행사 참여와 선수 지원이라는 요소를 빼놓을 수 없다. 이들 기업의 성공 사례에서 보듯이 스포츠 마케터에게는 기발한 아이디어를 통해 기업과 스포츠를 연결하여 대중에게 노출하고 홍보할 수 있는 기획력과 창의력이 필요하다.

스포츠 시장은 나날이 성장하고 있으며, 인기 또한 높아지고 있다. 스포츠 마케팅의 영역을 국내로 한정짓지 말고, 해외 스포츠 경기와 문화에도 꾸준히 관심을 갖고 접하며 글로벌 마인드와 외국어 실력을 겸비한다면 스포츠 마케터로서 세계 무대에서도 활약할 수 있는 경쟁력을 갖게 될 것이다.

4. 스포츠 마케터와 관련된 학과 및 자격증

- **관련 학과**: 스포츠산업학과, 스포츠마케팅학과, 경영학과, 경제학과, 법학과, 사회체육학과, 스포츠의학과, 체육학과, 스포츠건강관리학과 등
- **관련 자격**: 스포츠지도사, 스포츠경영관리사 등

그것이 알고싶다 스포츠 경영 관리사는 무슨 일을 할까?

스포츠 경영 관리사는 스포츠 이론과 산업에 대한 지식을 바탕으로 각종 산업체, 스포츠 관련 기관과 단체 등에서 스포츠 산업과 관련된 행정 업무 및 마케팅 업무를 수행하고 관리하는 일을 한다. 한국산업인력공단에서 시행하는 스포츠경영관리사 자격증의 응시 자격에는 제한이 없으며, 시험은 필기시험(총 4과목)과 실기 시험으로 구분된다.

- 필기시험: 스포츠 산업론, 스포츠 경영론, 스포츠 마케팅론, 스포츠 시설론
  객관식, 매 과목 40점 이상, 전 과목 평균 60점 이상이면 합격
- 실기 시험: 스포츠 마케팅 및 스포츠 시설 경영 실무, 주관식 필답형, 60점 이상이면 합격

5. 스포츠 마케터의 직업 전망

현대 사회에서 스포츠는 '황금알을 낳는 거위'라 불린다. 정치, 경제, 사회, 문화에 걸쳐 강력한 영향을 끼치고 있을 뿐만 아니라 스포츠 산업은 세계적으로도 점점 규모가 커져 고부가 가치 산업으로 떠오르고 있다.

국내에서도 월드컵, 동계 올림픽 등 국제 규모의 스포츠 대회를 계속 유치하고 있으며, 기업들도 경제적 파급 효과가 큰 국내외 스포츠 행사 지원을 통해 자사를 홍보하기 위해 스포츠 마케팅에 적극적으로 참여하고 있다.

김연아, 박찬호, 박지성 등 세계적 기량을 갖춘 선수들의 눈부신 활약으로 그 후배 선수들 또한 해외 유명 리그나 구단으로 진출하는 사례가 증가하고 있어 야구, 축구, 골프, 배구, 컬링 등 다양한 스포츠 분야에서 잠재력과 성장 가능성이 기대된다. 이와 같은 스포츠 열기를 마케팅과 연결시켜 시장을 개척하는 것이 스포츠 마케터의 역할이란 점에서 향후 성장 및 고용에 대한 가능성은 매우 밝다고 할 수 있다.

스포츠 마케터

스포츠 마케터가 되기 위해서는 무엇보다 스포츠를 진심으로 좋아하고 스포츠에 관심이 많아야 한다. 스포츠 마케터가 되기 위한 특별한 자격이나 학력 제한은 없다. 그러나 스포츠 마케터로서 스포츠 중계권 관련 사업을 위해 계약을 체결하고, 이벤트를 기획하거나, 스포츠 용품을 판매하기 위해서는 관련 분야의 법률 지식을 갖추어야 하고, 기획 및 홍보 업무에 능통해야 한다. 업무 범위가 넓어 경영이나 스포츠 산업 및 마케팅 학과 등 관련 학과를 전공하는 것이 좋고, 스포츠에 대한 전문 지식과 애정이 있어야 하기 때문에 스포츠 선수 경험이 있거나 체육 관련 학과를 전공하는 마케터도 많다. 관련 학과를 전공하지 않은 경우에는 스포츠경영관리사 자격을 취득하거나 사설 아카데미를 활용하여 스포츠 마케터 양성 과정을 이수하는 것을 추천한다.

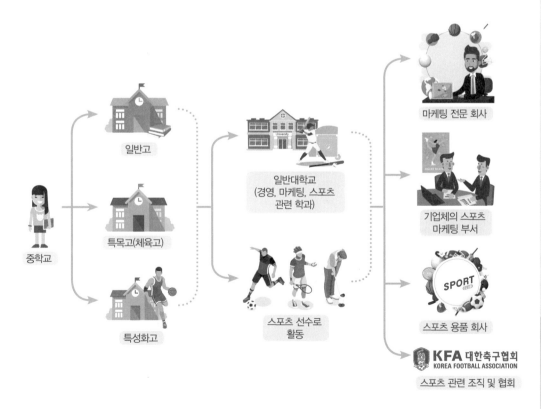

일반고

특목고(체육고)

중학교

특성화고

일반대학교
(경영, 마케팅, 스포츠 관련 학과)

스포츠 선수로 활동

마케팅 전문 회사

기업체의 스포츠 마케팅 부서

SPORT

스포츠 용품 회사

KFA 대한축구협회
KOREA FOOTBALL ASSOCIATION

스포츠 관련 조직 및 협회

🔺 스포츠 마케터의 커리어 패스

대학교 관련 학과
스포츠마케팅학과

학과 소개

스포츠마케팅학과에서는 스포츠를 경제적 관점에서 중요한 상품으로 인식하고 기업과 스포츠 팀, 스포츠 선수의 브랜드화를 추구한다. 또한 부가 가치와 경제적 이윤을 창출할 수 있도록 스포츠와 마케팅을 결합하여, 각종 스포츠 이론 및 실습과 스포츠 에이전트 마케팅 등 전공 지식과 실기 능력을 배양할 수 있도록 교육한다. 세계 스포츠 산업에 대한 이해를 바탕으로 선진 마케팅 역량을 갖춘 전문화된 스포츠 마케터를 배출하고, 스포츠 산업 발전에 기여하는 스포츠 마케팅 관련 전문 인력을 양성한다.

적성 및 흥미

스포츠에 대한 관심과 지식, 열정이 있어야 한다. 사람들의 마음을 움직일 수 있는 마케팅을 기획할 수 있도록 기발한 아이디어와 창의력을 갖추고 있어야 한다. 해외 기업과의 협상을 위한 외국어 실력과 사람을 상대하여 마음을 움직이게 할 수 있는 설득력과 대인 관계 능력이 필요하다. 협상을 통해 계약을 체결하려면 법률 지식이 필요한데 꼼꼼하고 치밀한 분석력과 자신의 주장을 관철시키려는 추진력을 갖추면 더욱 좋다.

진출 직업

스포츠 마케터, 스포츠 에이전트, 마케팅 전문가, 스포츠 트레이너, 스포츠 관련 기업의 행정 사무원, 스포츠 해설가

자격 및 면허

스포츠경영관리사,
전문스포츠지도사,
FIFA공인에이전트자격증,
레크리에이션지도자,
생활스포츠지도사

진출 분야

★정부 및 공공 기관★
스포츠 관련 협회(축구, 야구, 배구, 빙상연
맹 등), YMCA, YWCA, 사회 체육 센터
★기업체★
스포츠 프로 구단, 스포츠 대중 매체(방송, 인쇄,
인터넷 매체), 스포츠 마케팅 전문 기업,
기업의 스포츠 마케팅 부서,
스포츠 용품 관련 사업체

관련 학과

스포츠산업학과, 경영학과,
마케팅학과, 산업스포츠학과,
스포츠경영학과, 스포츠산업학부,
스포츠경영학전공, 사회체육학과,
스포츠의학과, 체육학과, 스포츠
건강관리학과

★동아리 활동★

스포츠 관련 동아리에 가입하여 스포
츠 종목에 대한 경험을 쌓고, 광고 동
아리 활동을 통해 마케팅이 무엇인지
알아 나간다.

★봉사 활동★

스포츠 관련 시설에서 사무 보조 및
시설 정리나 경기장에서 행사 진행에
참여해 볼 것을 권장한다.

★독서 활동★

스포츠 관련 도서는 필수이고, 마케
팅과 해외 문화를 접할 수 있는 독서
활동을 추천한다.

★교과 공부★

스포츠 및 경영, 해외 문화에 대한 능
력을 입증하기 위해 체육, 사회, 영어
교과에 집중할 것을 권장한다.

★교외 활동★

다양한 분야의 스포츠 경기를 관람하
고, 올림픽 씨티와 같은 체험관에 방
문해 보는 것이 좋다.

※ 체육 및 외국어 관련 행사에 참여하여 경험을
쌓고 캠페인을 기획하고 진행해 볼 것을 추천
한다.

02 식품 공학 기술자

관련 학과
식품공학과
24쪽

1. 식품 공학 기술자의 세계

현대인의 평균 수명이 늘어나면서 어떻게 하면 질병 없이 오래 살 수 있을지에 대한 관심이 매우 뜨겁다. "내가 먹는 것이 곧 나다."라는 말이나 "음식이 곧 약이다."라는 말에는 음식을 단순히 배를 채우고 필요한 에너지를 공급하는 수단이 아니라 생명 그 자체이자 병든 몸을 살리는 치료제로 여기는 태도가 깃들어 있다.

하지만 음식의 가치를 중시하는 경향과는 달리 간편식을 선호하는 흐름 또한 공존하고 있다. 맞벌이 세대와 1인 가구가 늘고 야외에서 레저를 즐기는 인구가 늘어나면서 간편하게 즐길 수 있는 가공 식품에 대한 수요가 증가하고 있다. 이처럼 음식에 대한 상반된 요구와 흐름 속에서 무엇을 어떻게 먹어야 맛과 건강, 편의성이라는 세 마리 토끼를 모두 잡을 수 있을까?

음식을 대하는 소비자의 다양한 요구와 태도를 반영하여 식품에 대해 과학적으로 연구하는 학문이 바로 식품 공학(Food Engineering)이다. 식품 공학은 물리, 생물, 화학 등 응용과학의 한 분야로 식품 생산과 가공에 사용되는 기술을 개발하고 제조 장비 등을 연구하는 학문이다. 최근 삶의 질이 향상되고 1인 가구가 증가함에 따라 식품의 고급화와 다양화에 초점을 맞춘 연구가 활발히 이루어지고 있는데 이와 같은 트렌드에 맞게 과학 및 공학 원리를 식품 전반에 대한 조사, 개발, 생산 기술, 품질 관리, 포장, 가공 및 이용 등의 문제에 적용하는 일을 하는 사람이 바로 식품 공학 기술자이다.

마트에 가면 과일과 채소를 작게 잘라 포장한 샐러드 같은 신선 제품은 물론, 전자레인지에 데우기만 하면 완성되는 즉석 조리 식품, 여러 음식을 가공하여 만든 천연 조미료, 각종 건강에 도움이 되는 기능성 음료 등을 쉽게 접할 수 있다. 이처럼 식품 공학 기술자는 음식을 환경적 한계에서 벗어나게 하고 다양한 기능을 가진 식품으로 재탄생시킨다.

또한 영양의 균형을 맞추고 음식 섭취와 조리 과정의 편리함을 추구하는 것 이외에도 식품의 안전성을 유지하는 것 역시 식품 공학 기술자의 중요한 역할이다. 2017년 유럽에 이어 국내 계란에서도 유독성 살충제 성분이 검출되어 사회적으로 큰 문제가 되었다. 식품은 삶을 영위하기 위한 기본적인 조건이며 생명에 직결되는 만큼 안전한 식품에 대한 요구는 더욱 커지고 있으며, 삶에 여유가 생기고 건강한 먹거리를 추구하는 '웰빙' 열풍은 자연스러운 사회 현상으로 자리 잡았다.

이제 사람들은 맛있고 건강하면서도 즐거움과 편리함을 주는 식품, 동시에 시간이 지나도 최상의 품질을 유지할 수 있는 식품을 필요로 한다. 사람들의 안전한 식탁을 책임지는 파수꾼이자 미래 사회의 식품 연구와 개발을 책임질 식품 공학 기술자의 중요성과 역할은 더욱 커질 것이다.

2. 식품 공학 기술자가 하는 일

식품 공학 기술자가 하는 일은 종류가 다양하고 세분화되어 있다. 식품을 개발하여 새로운 음식을 만드는 식품 가공 및 개발 분야, 식품의 품질을 평가하는 품질 관리 분야, 식품이 위생적으로 생산, 유통되는지를 관리 감독하는 식품 위생 분야로 크게 나눌 수 있다.

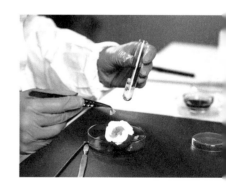

식품 위생 분야는 다시 식품에 들어 있는 유해 성분을 검사하는 식품 안전 검사 분야와 보고서를 작성하는 분야, 유통과

판매를 관리하는 분야로 나뉜다. 개발 과정에서는 연구한 제품을 생산하기 위한 전 과정에 관여하여 감독하는 일도 한다.

식품 가공 및 개발 분야 담당자는 식품 재료의 본질을 변화시키지 않고 물리적, 화학적, 영양적 특성을 변화시키는 업무나 새로운 제품의 방향성을 정하고 그에 맞는 조리 방법을 연구하여 개발하는 업무를 한다.

품질 관리 분야 담당자는 시중에 판매되는 식품에 대해 품질 평가를 진행한다. 제품에 표시된 함량과 실제 포함된 함량이 일치하는지 확인하고, 이화학이나 미생물 분석을 통해 식품 공정의 적합성 여부를 평가한다.

식품 위생 분야 담당자는 백화점이나 할인점의 식품 코너, 식품 생산업체에서 판매되거나 조리되는 식품이 위생적으로 생산되고 유통되는지를 관리, 감독하는 일을 한다. 구체적으로 재료나 식품의 위생적인 보관 상태, 조리 현장의 청결도, 식품의 유통 기한을 주로 확인한다.

'어떤 식품을 먹느냐'에 대한 사람들의 관심은 나날이 높아지고 있고 재료와 식품, 기술이 결합된 식품 공학 기술자의 영역은 더욱 넓어지고 있다. 사람들의 건강과 안전한 식탁을 책임지는 식품 공학 기술자의 발전 가능성은 매우 크다고 할 수 있다.

그러나 식품 공학 기술자에게도 어려움은 있다. 힘들게 개발한 식품이 소비자에게

그것이알고싶다 식물성 고기에 대해 알아볼까?

⬥ 식물성 고기를 패티로 사용한 햄버거

식물성 고기는 식품 공학뿐 아니라 생화학, 분자생물학, 재료 공학 등의 과학 기술을 총동원하여 진짜 고기의 맛을 치밀하게 분석하여 모양과 식감을 고기와 유사하게 만든 식재료를 말하는데, 주로 야채나 콩, 견과류 등에서 추출한 식물성 단백질을 이용해 만든다. 건강, 종교, 환경오염에 대한 우려와 육식에 대한 반감 등을 이유로 세계적으로 채식 인구가 늘어나면서 식물성 고기에 대한 수요가 생겨났고, 이러한 요구를 충족시키기 위해 식품 회사에서 베지버거*, 햄, 소시지 등 여러 종류의 식물성 고기를 제조 및 판매하고 있다.

이러한 식물성 고기에 대한 가치 평가는 엇갈린다. 식물성 고기가 동물성 지방을 함유하고 있지 않아 심혈관계 질환 및 생활습관병 예방에 도움이 되고, 동물성 고기에 비해 영양학적으로 장점이 많다는 입장과 콩고기를 만드는 주원료인 대두가 대부분 유전자 변형*으로 만든 것이어서 안전성에 문제가 있다는 입장으로 나뉜다.

*베지버거(Veggie Burger): 원료로 고기를 사용하지 않는 패티를 사용한 햄버거

*유전자 변형 생물체(GMO: Genetically Modified Organism): 특정한 종으로부터 해충에 강한 특성 같이 유용한 유전자를 얻어 이를 다른 종에 삽입하는 유전자 변형 기술을 이용해 새롭게 만들어진 생물체를 뜻한다. 옥수수와 콩, 연어 같은 농수산물에 적용되면 유전자 변형 농수산물(GM 농수산물)이라고 하고, 유전자 변형 농수산물을 원재료로 가공한 식품을 유전자 변형 식품(GM 식품)이라고 한다.

좋지 못한 평가를 받거나 가공 식품이라면 무조건 몸에 좋지 않다는 오해를 받으면 식품 공학 기술자는 괴롭다. 온도 변화나 보관 등 유통 과정에서 나타나는 변수도 식품 공학 기술자를 힘들게 하는 부분이다. 뒤늦게 식품의 유해성이 드러나게 될 때에는 강도 높은 비판 또한 피해갈 수 없다.

그러나 식품의 안전성을 넘어 기능성 식품 개발 및 전통 식품의 세계화 등 무궁무진한 미래형 기술이 집약된 식품 공학 분야를 주도하는 식품 공학 기술자는 국민의 건강과 인류의 복지를 책임지는 매력적인 직업이라고 할 수 있다.

3. 식품 공학 기술자에게 필요한 능력

식품 공학 기술자가 되려면 식품에 대한 호기심이 있어야 한다. 평소 여러 가지 맛을 궁금해 하거나 흥미 있는 음식을 찾아서 먹는 등 식품에 대한 애착과 관심이 있는 사람에게 유리하다. 맛의 미묘한 차이를 느낄 수 있는 민감한 미각의 소유자라면 더욱 좋다.

또한 식품 공학은 물리 · 화학 · 생물 등의 기초 과학과 공업적 기계 · 기술이 결합된 과학 기술을 다루는 학문이다. 식품 화학, 식품 미생물학 등의 이론과 개념을 이해할 수 있어야 하며, 첨단 과학에 대한 지적 호기심과 이를 응용할 수 있는 창의력 및 새로운 일을 두려워하지 않는 도전 정신과 열정이 요구된다. 감정적이기보다는 이성적이고 논리적인 성격이 어울리며, 결과가 보장되지 않은 지지부진한 임상실험의 과정을 견딜 수 있는 인내심과 외부 환경에 흔들리지 않는 확고한 목표 의식을 가진 사람에게 적합하다.

4. 식품 공학 기술자와 관련된 학과 및 자격증

- **관련 학과:** 식품공학과, 생명과학과, 식품영양학과, 식품과학과, 식품조리과, 조리과학과, 유전공학과, 화학과, 미생물화학과 등
- **관련 자격:** 식품산업기사/기사, 식품기술사, 품질관리기술사, 품질경영기사 등

 **식품 공학 기술자 관련 자격증을 알아볼까?**

식품 공학 기술자 관련 자격증은 기능사 < 산업기사 < 기사 < 기술사 순으로 자격의 급수가 높아지는데, 여기서는 식품산업기사와 식품기사에 대해 알아보자.

① **식품산업기사**: 식품 재료를 선택, 선별, 분류하며, 만들고자 하는 식품의 제조 공정에 따라 기계적, 물리적, 화학적 처리를 하는 등의 업무와 작업 공정에 따라 처리 및 숙성 정도를 관찰하고 적정한 상태로 만들기 위한 업무를 한다. 또한 작업을 원활히 수행하기 위하여 작업 공정을 조정하고 안전 상태를 점검하는 일도 한다. 동일, 유사 분야의 실무 경력 2년 또는 관련 학과 2년제 대학 졸업의 자격이 필요하다.

② **식품기사**: 식품 제조 가공 기술이 급속하게 발달하면서 식품을 제조하는 공장의 규모가 커지고 공정이 복잡해짐에 따라 이를 적절하게 유지, 관리할 수 있는 기술 인력이 필요하게 되었다. 식품기사는 식품 기술 분야에 대한 기본적인 지식을 바탕으로 새로운 식품의 기획, 식품의 영양, 맛, 색깔, 상품 가치 등을 고려한 적합한 식품 재료의 선택, 조리 방법의 개발, 성분 분석, 안전성 검사 등의 업무와 식품 제조 및 가공 공정, 식품의 보존과 저장 공정에 대한 관리, 감독의 업무를 수행한다. 동일, 유사 분야의 실무 경력 4~5년 또는 관련 학과 4년제 대학 졸업의 자격이 필요하다.

5. 식품 공학 기술자의 직업 전망

사람들의 평균 수명이 길어지고 생활 수준이 향상되면서 식품과 건강에 대한 관심이 높아지고 있으며, 소비자의 요구를 반영한 다양한 식품 개발 및 생산 기술은 빠른 속도로 발전하고 있다. 그러나 사람들의 관심과 기술 발전 사이에서 식품의 안정성에 대한 우려는 좀처럼 가시지 않고 있다.

정부와 지자체에서는 식품 산업의 활성화와 식품에 대한 신뢰 회복을 위해 투자를 아끼지 않고 있으며 식품 개발은 물론, 식품의 안전성을 검사하고 유해 성분 분석을 담당할 식품 공학 기술자를 필요로 하고 있다. 이에 따라 식품 공학 기술자의 수요는 증가할 것으로 예상되며 관련 분야에서 꾸준하게 일자리가 창출될 것이다.

특히 미래 식품에 대한 대안으로 영양학적으로 완벽한 대체 식량인 곤충 산업에 대한 연구가 국내에서도 활발히 진행되고 있으며, 김치를 비롯한 발효 식품이 외국인의 입맛을 사로잡아 한류 열풍과 함께 세계적으로 많은 관심을 받고 있다. 이러한 결과는 영양학적 가치를 보전한 상태에서 본래의 맛을 재현하고, 유통 과정을 과학적으로 체계화한 덕분이다. 이러한 성과에 힘입어 새로운 고기능성 건강 기능 식품, 전통 식품의 현대화, 농약과 첨가물로부터 자유로운 친환경 식품 등의 개발도 활발히 진행되고 있어 식품 공학 기술자의 전망은 매우 밝다고 볼 수 있다.

식품 공학 기술자

식품 공학 기술자가 되기 위해서는 학사 이상의 학력은 필수이며 대기업이나 공공 기관의 연구, 개발 분야에 종사하려면 보다 전문적인 지식과 역량이 필요하기 때문에 석사 이상의 학력을 요구하기도 한다. 식품의 기본적인 원리와 식품 원료, 가공 방법 및 위생에 대한 전문적인 교육을 받기 위해서는 대학에서 식품공학, 식품가공학, 식품분석학 등 식품 관련 학과를 전공하는 것이 유리하다. 졸업 후에는 식품 제조 및 가공업체, 식품의약품안전처 등과 같은 정부 기관과 기업체의 연구소 또는 식품 위생 검사기관 등에서 활동한다.

이외에도 보건복지부, 농림축산식품부 등 정부 및 지방 단체의 연구직 공무원으로 일할 수도 있다. 식품 공학 기술자는 식품 산업 전반에 걸친 분야는 물론 유전 공학이나 생명 과학, 제약 산업 분야, 환경 공학 분야 등 다양한 분야로 진출이 가능하다.

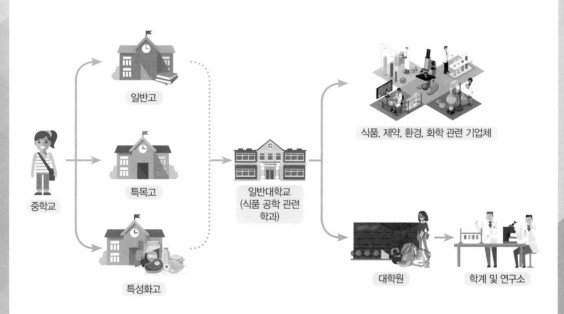

중학교 → 일반고 / 특목고 / 특성화고 → 일반대학교 (식품 공학 관련 학과) → 식품, 제약, 환경, 화학 관련 기업체 / 대학원 → 학계 및 연구소

🔵 식품 공학 기술자의 커리어 패스

대학교 관련 학과 식품공학과

학과 소개

식품 공학은 식품의 개발, 연구,
품질 관리, 유통에 대해 연구하는 학문이다.
산업 현장에서 필요한 공학적 제조 기술과 식품
개발에 필요한 생물, 물리, 화학적 지식을 영양학적,
기능적 관점에서 응용하는 기술을 연구한다.
다양한 식품 관련 바이오 소재를 개발하고, 안전성과
기능성을 연구하여 고부가 가치 식품 개발을 위한
창의적 인재와 생명 과학의 발달에 기여할
전문성과 다양성을 갖춘 융합 인재를
양성한다.

진출 직업

식품 공학 기술자,
식품학 연구원, 발효 식품
연구원, 음식료품 화학 공학
기술자, 식품 시험원, 영양사,
위생사, 음식료품
감정사

적성 및 흥미

평소 식품과 식재료에 대해 관심이
많고 특히 음식의 맛과 위생 상태, 조리
방법과 보관 방법 등에 대한 탐구심과 호기심이
있어야 한다. 발효 공학, 미생물학 등 과학과 공학을
아우르는 융합 연구를 할 수 있는 학습 능력과
분석력, 수리력이 필요하다.
미래 사회를 이끄는 과학 분야의 새로운 가능성
을 제시할 수 있는 창의력과 식품에 대한
자부심 및 확고한 목표 의식을 갖춘
사람에게 유리하다.

중·고등학교
학교생활 포트폴리오

자격 및 면허

생물공학기사,
식품가공기능사, 식품산업
기사, 영양사, 위생사,
양식/일식/중식/한식
조리기능사

★ **동아리 활동** ★

바리스타반, 쇼콜라티에반, 조리반 등
의 식품 관련 동아리나 화학, 생물, 물
리 등 기초 과학을 접할 수 있는 동아
리를 추천한다.

★ **봉사 활동** ★

교내 과학 행사를 진행해 보거나 식
재료를 쉽게 접할 수 있는 급식 관련
봉사 활동에 꾸준히 참여하는 것이
좋다.

★정부 및 공공 기관★
식품의약품안전처, 농촌진흥청, 보건
복지부, 보건환경공무원, 한국식품연구원
★기업체★
식품 제조회사, 식품 유통업체,
식품 · 바이오 산업체

진출 분야

★연구소★
각 기업체 식품 연구소,
식품 · 의약품 관련 연구소

★ **독서 활동** ★

식품 산업, 친환경 먹거리, 식품 첨가
물 등 식품 관련 도서와 미생물, 생명
공학과 관련된 과학 잡지를 꾸준히
읽도록 한다.

★ **교과 공부** ★

화학과 수학, 기술 · 가정 교과에 집
중하여 공부할 것을 권장한다.

관련 학과

식품가공학과, 식품영양학과,
식품생명공학과, 식품과학과,
미생물학과, 동물자원식품학과,
바이오식품공학과, 바이오식품소재학과,
생명환경학부(식품환경안전학전공),
식품가공유통학과, 식품의약학과,
생명식품공학전공, 축산식품생물공학
전공, 해양식품공학과

★ **교외 활동** ★

식품의약품안전처 홈페이지에서 법
령, 자료, 품질 등의 정보를 탐색하고
식품 공학과 관련된 체험 활동에 꾸
준히 참가한다.

※ 교내 요리 대회나 건강한 먹거리에 대한 캠페인
활동 혹은 식품의약품안전처에서 주관하는 공모
전에 도전해 보는 것도 도움이 된다.

03 약사

관련 학과
약학과
32쪽

1. 약사의 세계

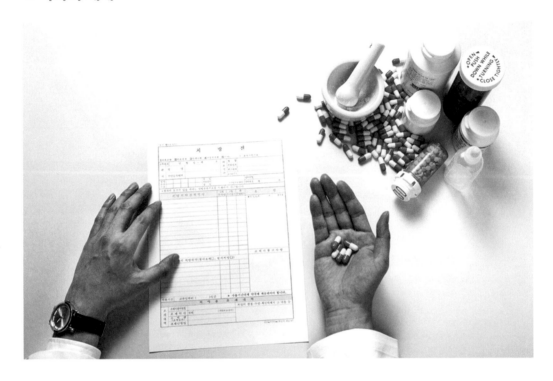

　2017년 12월 유럽 내에서 타이레놀 이알(ER) 서방정 650mg이 과다 복용 시 간에 독성을 유발할 수 있고, 유익보다 유해성이 크다는 이유로 퇴출되었다. 여기서 '이알(ER)'이란 'Extended Release'의 약자로 '약효가 서서히 퍼지다'는 뜻이며, '서방정(徐放錠)' 또한 '몸속에서 장시간에 걸쳐 서서히 퍼지는 약'이라는 뜻이다. 서방정은 정확한 용법과 용량을 지키는 것이 중요하며 당장 효과가 없다고 해서 임의로 복용량을 늘리거나 아이에게 먹인다고 약을 반으로 잘라 사용해서는 안 된다. 하지만 몇몇 환자들이 당장 효과가 나타나지 않자 약을 임의로 추가 복용하거나, 정해진 시간 간격(8시간마다 1정)을 지키지 않고 아플 때마다 먹는 등 하루 제한량 4,000mg을 초과 복용하여 간에 손상을 일으키는 경우가 종종 발생하였다. 이러한 부작용을 막기 위해 유럽에서 타이레놀 서방

정을 퇴출시킨 것이다.

타이레놀은 머리가 아프거나 열이 날 때, 진통제나 해열제로 우리나라에서도 흔히 사용했던 친숙한 약이어서 이 뉴스를 접한 사람들은 타이레놀이라는 약 자체에 문제가 있는 듯 오해하기도 하고, 이미 사다 놓은 약을 먹어야 할지 말아야 할지 혼란스러워 하였다. 이처럼 우리에게 친숙한 약이라 하더라도 그 부작용에 대해서는 잘 모르거나, 약의 종류별로 어떤 차이가 있는지 인식하지 못하는 경우가 많다. 그러므로 약의 부작용을 줄이기 위해서는 올바른 지식을 바탕으로 정해진 용법과 용량을 지키는 것이 중요하다.

하지만 현실적으로 일반인들이 약의 성분과 부작용, 용량 등을 정확히 알고 약을 사용하기란 사실상 불가능에 가깝다고 할 수 있다. 이에 환자와 가장 가까운 곳에서 환자가 약을 올바르게 사용할 수 있도록 안내하고 환자와 소통하는 역할을 하는 직업이 있는데 바로 약사이다. 약사는 의사의 처방전에 따라 약을 조제하거나 판매하는 일뿐만 아니라 약을 어떻게 복용해야 할지 지도하는 일을 하며, 약국 이외에도 병원, 제약회사, 보건소와 같은 공공 기관에서 일하기도 한다.

2. 약사가 하는 일

우리나라는 진료는 의사가 담당하고, 약의 조제와 관리 등은 약사가 담당하는 의약 분업을 실시하고 있다. 약사는 의사의 처방에 따라 약을 조제하고, 약의 생산, 유통, 판매, 보관, 복용 지도를 담당하며, 약을 매개로 환자의 건강을 책임지는 일을 한다.

약국에 근무하는 약사는 의사의 처방전에 따라 약을 조제하고 판매한다. 또한 약을 어떻게 섭취해야 하는지 복용 방법이나 부작용 등을 환자에게 안내한다.

종합 병원에 근무하는 약사는 약물 관리 담당자로 임명되어 환자들의 차트를 확인하고 의약품이 어떻게 사용되고 있는지 점검한다. 또한 약품의 반·출입을 관리하고 의료진과 함께 약물 치료 및 조제에 참여하거나 환자에게 복용 방법에 대해 설명한다.

제약회사에 근무하는 약사는 새로운 의약품을 개발하고 약품의 품질을 연구하며, 약품의 영업과 마케팅 등 종합적인 업무를 담당한다.

정부 부처 및 공공 기관에 근무하는 약사는 공무원 신분으로 약품의 안전성과 유해성을 평가하여 기준을 제시하거나 마약이나 독약, 부정 의약품 등의 성분을 분석하여 감식한다. 또한 약에 대한 전문 지식을 활용하여 약과 관련된 정책을 만드는 일에 참여한다.

약사

환자를 잘 치료하기 위해서는 의사, 약사, 환자 간의 소통과 협업이 중요하다. 의사가 환자를 진찰하여 처방을 내리면, 약사는 처방전을 검수하여 약을 조제하고 환자와 상담하며, 환자는 복용 방법에 따라 약을 복용해야 한다.

병원 약사와 약국 약사의 가장 중요한 업무는 처방전 조제라고 할 수 있는데, 이 과정에서 약물에 관한 전문 지식이 요구된다. 약사는 의사가 내린 처방전이 올바른지, 약물 간 상호 작용에는 문제가 없는지 검토하고, 용법과 용량의 적정성을 판단해 처방에 따라 약을 조제해야 한다. 약을 조제한 후에는 환자에게 복약 지도를 해야 하는데, 환자가 약의 효능을 잘 알지 못하면 복용을 게을리하게 되고 결국 효과를 보기 어렵기 때문에 복용 방법과 이유에 대해 정확하게 설명해 줘야 한다.

약국에 근무하는 약사들은 가끔 약의 복용 방법을 임의로 해석하여 약을 잘못 복용하거나 중간에 임의로 약 복용을 중단한 뒤 항의하는 환자를 만나기도 하고, 거의 매일 아침부터 밤까지 약국에서 시간을 보내야 하기 때문에 개인 시간을 갖기도 어렵다.

그러나 약사는 환자가 올바른 방법으로 약을 복용하여 치료가 잘 되었을 때 보람과 자부심을 느낄 수 있고, 전문직으로서 자신이 직접 약국을 운영할 수도 있어 업무의 권위와 중요성을 인정받는 직업 중 하나이다.

그것이 알고싶다 임상 연구 코디네이터는 무슨 일을 할까?

임상 연구 코디네이터는 제약사나 연구소에서 신약을 개발할 때, 인체를 대상으로 하는 임상 실험을 담당한다. 임상 실험에 참가하는 사람들을 대상으로 검증 작업을 하고 실험 보조원의 교육을 담당하기도 한다. 또한 새로운 약이 개발되면 동물 실험, 독성 실험, 임상 시험의 단계를 거쳐 안정성을 확보하는 과정을 관리하고 집행하는 일을 한다. 최근 임상 시험과 관련된 기준이 더욱 엄격해지고 있어 전문성 있는 임상 연구 코디네이터에 대한 수요가 증가하고 있다.

3. 약사에게 필요한 능력

약사는 의사와 더불어 인간의 생명을 다루는 직업이라고 할 수 있다. 약에 대한 전문 지식을 바탕으로 환자에게 처방되는 약품의 용법과 용량을 정확하게 파악해야 하며, 자신이 조제한 약에 대한 철저한 책임감이 요구된다. 보통 약사들은 병원에 사람들이 많이 모일 때, 한꺼번에 여러 환자의 약을 조제하면서 실수를 저지를 수 있어 이러한 실수를 막기 위해서는 고도의 집중력과 침착하고 신중한 태도가 필요하다.

또한 지금 이 시간에도 새로운 약이 끊임없이 개발되고 있으므로, 신약에 관해 꾸준히 공부하는 자세를 잃지 말아야 한다. 같은 병명이라도 사람마다 상태가 다르게 나올 수 있으므로, 환자의 증상과 체질에 따라 발생할 수 있는 변수에 대처할 수 있는 순발력과 위기 상황에 대한 판단력이 요구된다. 더불어 환자를 대할 때 따뜻한 마음과 배려하는 태도로 약의 효능과 용법, 부작용에 대해 친절하게 설명해 주어야 한다. 이를 위해 병의 고통으로 불평을 일삼는 환자와도 웃으면서 상담할 수 있도록 대인 관계 능력과 의사소통 능력을 길러야 한다.

4. 약사와 관련된 학과 및 자격증

- **관련 학과**: 약과학과, 약학과, 제약학과, 제약공학과
- **관련 자격**: 약사, 변리사(의약품 특허 분야)

그것이 알고싶다 한약사에 대해 알아볼까?

한약사는 대학에서 한약학과를 졸업하고 한약사국가 시험에 합격하여 보건복지부 장관의 면허를 받아 법적 자격을 획득한 자를 말한다.

면허증을 취득한 후에는 약국을 개설하거나 한의원 또는 약국에 취업할 수 있다. 이 밖에도 한약재의 우수 품종 개발과 재배 기술 혁신을 위해 제약회사나 한약학 관련 연구소에서 근무하거나 보건 연구소나 약무직 공무원, 한약품 생산 및 유통업체 등으로 진출할 수 있다.

5. 약사의 직업 전망

한국고용정보원에서 실시한 '인공 지능 로봇의 일자리 대체 가능성 조사'(2017. 1.)에 따르면 보건 의료 분야 중 약사 및 한의사가 10년 뒤 인공 지능 로봇으로 대체될 가능성이 68.3%로 가장 높은 것으로 나타났다. 그 이유는 약사의 업무 중에서 의사 처방에 따라 약을 조제하는 업무가 차지하는 비중이 매우 큰데, 이 업무는 이미 약 제조 로봇이 개발되어 상용화되고 있는 등 충분히 기계로 대체할 수 있고 자동화하였을 때 정확성 또한 매우 높기 때문이다.

그러나 현재 약국을 개업하여 처방에 따라 약을 조제하고 건강 상담을 수행하는 약사는 많지만, 병원이나 제약회사 등에서 연구직으로 일하는 약사는 부족한 실정이다. 생활 수준이 높아지고 평균 수명이 늘어남에 따라 건강한 고령화 사회 진입에 대비하여 건강 보험 급여의 확대와 신약 개발에 이루어지는 아낌없는 투자 및 약품의 임상 시험 관리 등의 움직임은 연구직 약사의 고용 증가에 긍정적인 영향을 미칠 것이다.

약사는 전문직으로서 업무에서 자율성과 권한이 크고 사회적인 인식 수준도 높으며, 성별이나 연령에 따른 차별이 적어 사람들의 선망이 되는 직업이기도 하다. 현재 포화 상태에 있는 약국 운영이나 단순 약의 조제 분야가 아닌 신약 개발 및 해외 진출, 고기능성 식약품 및 품질 개발 분야 등에서 약사의 수요는 지속적으로 증가할 것이기 때문에 전문적인 연구 역량을 갖추어 새로운 분야에 도전한다면 좀 더 좋은 기회를 잡을 수 있을 것이다.

앞으로 세계 디지털 헬스 케어 산업의 시장 규모는 세계 인구의 고령화, 만성질환 환자의 증가 등으로 인해 지속적으로 성장할 것으로 예측되므로 약사의 역할은 더욱 중요하며 미래도 밝다고 할 수 있다.

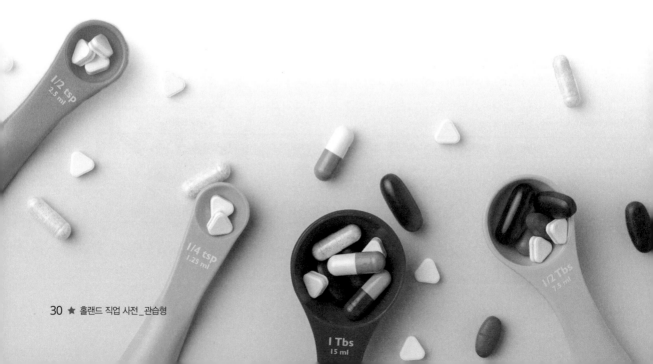

약사

약사가 되려면 약학과나 제약학과의 6년 교육 과정을 이수하거나 대학 2년 동안 수학, 물리학, 생물, 화학, 유기화학의 학점을 이수한 뒤 약학대학입문자격시험(PEET: Pharmacy Education Eligibility Test)에 통과해야 한다. 약학대학입문자격시험은 약학 교육에 필요한 기본적인 능력을 측정하기 위해 화학 영역(일반 화학, 유기 화학), 물리 영역, 생물 영역의 3영역 4과목에 통과해야 하는데 합격한 뒤에는, 약학 대학 본과 1학년(4년 과정)에 입학할 수 있다. 위의 두 경우 모두 졸업 후에 보건복지부에서 시행하는 약사국가시험에 합격하여 약사 면허증을 취득해야 약사로 활동할 수 있다.

그러나 2022년 대학 입학생부터는 시험 제도에 다소 변화가 예상된다. 2022년부터 약대에서 고졸 신입생을 선발한다. 약대는 현행 2+4년제와 통합 6년제 중 자유롭게 학제를 선택할 수 있도록 제도를 개편할 것이다. 2+4년제는 대학 교육을 2년 이상 이수한 후 약대에 편입해 4년의 전공 교육을 이수하는 체제인 반면, 6년제는 고졸 신입생을 선발해 6년간 교육하는 체제로 결국 약대의 6년 과정이 시작되는 것이다.

약사 면허증을 취득한 뒤에는 다양한 분야로 진출할 수 있다. 약국을 개원하거나 병원, 제약회사, 화장품 회사, 건강식품 업체 등의 기업체 연구원으로 활동할 수 있다. 이외에도 보건복지부나 법무부, 특허청과 정부 부처와 식품의약품안전처, 국민건강보험공단, 건강보험심사평가원 등의 공공 기관에도 진출이 가능하며 의약품 특허 분야의 전문 변리사로 활동하기도 한다.

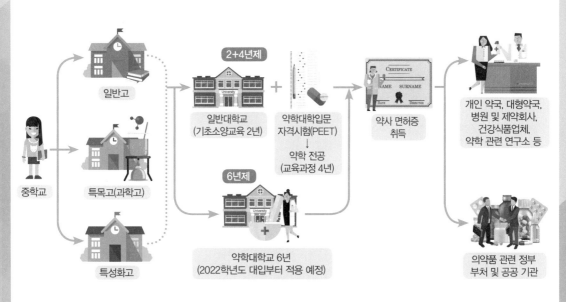

⬡ 약사의 커리어 패스

약학과

학과 소개

약학과에서는 신약 개발의 가속화에 필요한 기초 이론과 깊이 있는 약학 전문 지식과 실무 능력, 약물 요법에 대한 역량을 갖출 수 있도록 약물 과학에 대한 교육과 연구에 매진한다. 또한 국민의 건강 증진을 위해 봉사하고 신약 개발의 연구 역량과 실무 수행 능력을 갖춘 미래 지향적인 약사를 양성한다.

진출 직업

일반 약사, 병원 약사, 약학 연구원, 제약회사 연구소, 정부 부처 및 공공 기관 연구원, 신약 허가 관리자, 보건 행정가

관련 학과

약학전공, 제약공학과, 생물의약학과, 임상의약학과, 한약학과

자격 및 면허

약사, 변리사

진출 분야

★정부 및 공공 기관★
식품의약품안전처, 건강보험심사평가원,
보건복지부

★기업체★
개인 약국(개업 및 관리 약사), 종합 병원 및 대학 병원
의 약국, 제약업체, 화장품 업체, (건강) 식품업체

★연구소★
식품 의약품 관련 연구소, 보건 관련
연구소, 제약 회사 부설 연구소

적성 및 흥미

약제에 대한 실험이나 실습을
좋아하고 자연 과학 과목에 흥미가
있는 학생이 유리하다.
의약품은 인간의 건강 및 생명과
직결되므로 꼼꼼하고 침착해야 하며,
의료인 중 환자와 가장 가까이 마주할 수
있는 직업이므로 배려심과 의사소통
능력 및 대인 관계 능력이
있어야 한다.

★동아리 활동★

화학, 생물학, 물리학 등 자연 과학 관련 동아리에서 활동하는 것을 추천한다.

★봉사 활동★

지역 센터의 소외 계층 아동을 대상으로 하는 미술 치료나 봉사 활동을 통해 다양한 사람을 만나고 소통해 본다.

★독서 활동★

자연 과학 및 의약품 관련 도서나 건강 관련 책을 꾸준히 즐겨 읽도록 한다.

★교과 공부★

수학, 과학 및 외국어 과목에 집중하여 공부할 것을 추천한다.

★교외 활동★

의료 기관에서 진행하는 체험 활동이나 의사와 약사의 특강을 찾아 들어 보는 것을 권장한다.

※ 교내 흡연 예방 포스터, 표어 대회와 같은 의료 보건 관련 프로젝트와 헌혈 및 소외 아동을 위한 캠페인을 진행해 볼 것을 추천한다.

04 웹 마스터

관련 학과
인터넷정보학과
40쪽

1. 웹 마스터의 세계

깨끗하고 정돈된 현관이 그 집에 대해 좋은 인상을 주듯이 잘 만들어진 홈페이지는 그 기업에 대한 호감을 끌어내고 고객의 접근성을 높여 마케팅에 긍정적인 효과를 발휘할 수 있다. 최근 인터넷과 모바일이 발달하면서 기업의 홈페이지를 잘 만들고 관리하는 일이 무엇보다 중요해지고 있으며, 마케팅과 홍보 분야에서 홈페이지의 운영과 관리가 차지하는 비중이 점점 커지고 있다. 다시 말해 홈페이지는 기업의 얼굴이자 고객과 소통하는 창구로서 매우 중요한 역할을 담당하고 있다.

또한 전자 상거래가 발달하면서 고객이 실제 사용하기 쉽고 편리하도록 인터페이스
컴퓨터에서 서로 다른 기기나 프로그램이 의사소통을 할 수 있도록 도와주는 하드웨어나 소프트웨어
를 구현하고, 처음 접근한 사람도 직관적으로 구조를 이해할 수 있도록 홈페이지를 제작하고 원활하게 관리하는 것이 기업의 필수적인 업무로 인식되고 있다.

상업적인 목적을 지닌 기업뿐만 아니라 공공 기관 역시 홈페이지 관리와 운영에 힘쓰고 있다. 공공 기관은 홈페이지를 통해 시민의 목소리를 듣기도 하고, 시민의 요구에 맞춘 다양한 서비스와 정보를 제공하기도 한다.

이러한 웹 사이트를 개발하고 운영, 관리하는 전문가를 웹 마스터라고 한다. 초기에는 웹 사이트 개발과 관련된 직업들이 세분화되지 않아 웹 마스터가 웹 사이트의 모든 개발 과정을 담당하였다. 현재는 웹 사이트 개발과 관련된 인터넷 분야의 직업들이 꾸준히 발전하여 웹 엔지니어(웹 서버 구축과 운영에 필요한 모든 기술적인 과정을 책임지는 사람), 웹 프로그래머(웹 엔지니어에서 분화된 것으로 프로그래밍만 담당하는 사람), 웹 디자이너(홈페이지 구축에 있어 기획된 스토리보드에 의거하여 화면을 디자인하고 사용자가 원하는 정보를 구성하고 가공하는 사람) 등으로 세분화되었으며, 웹 마스터의 업무는 이제 한 개인의 업무가 아닌 기업 내 필수 조직의 업무로 자리 잡았다.

그것이 알고 싶다 웹 사이트 개발과 관련된 직업에 대해 알아볼까?

① **웹 엔지니어**: 웹 서버의 구축 및 최적 운영에 대한 기술적인 책임을 지며 새로운 웹 관련 기술의 적용 여부 등을 결정하고, 웹 서비스가 원활히 이루어지도록 네트워크, 운영 체제, 데이터베이스 등을 기술적으로 통합하는 업무를 한다.

② **웹 프로그래머**: 웹 구현에 필요한 기술을 지원하고 웹 프로그래밍 언어(PHP, ASP, Java, JSP 등)를 이용하여 프로그램을 코딩한다. 웹상에서 프로그램을 테스트한 후 문제점을 확인, 수정하고 기존에 개발된 프로그램을 유지·보수하여 웹 사이트를 구축하는 일을 한다.

③ **웹 디자이너**: 포토샵과 일러스트를 이용해 홈페이지를 디자인하여 웹 사이트를 구축한다. 문자, 이미지, 색채 등을 구상하고 창작하여 시각적인 편의성과 아름다움이 홈 페이지에 나타날 수 있도록 한다. 웹 디자이너는 의뢰인의 개성과 기업의 이미지를 나타낼 수 있어야 하고, 트렌드에 맞는 디자인 감각과 예술성은 물론 컴퓨터 코딩 능력도 갖추어야 한다.

2. 웹 마스터가 하는 일

웹 마스터는 웹 사이트를 제작하기 위한 기획부터 웹 사이트 구축에 필요한 다양한 자료를 웹 프로그래밍 언어로 구현하고, 웹 디자인을 하는 등 홈페이지를 구축하는 데 필요한 전 과정을 담당한다. 웹 사이트가 완성된 후에도 서버 관리 및 점검·유지 등의 모든 작업을 총괄하고 관리한다.

고객의 요구에 맞게 기획자, 디자이너, 프로그래머와 함께 홈페이지의 디자인, 응용 프로그램 적용 등 기획 방향을 정하여 웹 사이트를 제작한다.

많은 사람들이 홈페이지에 방문할 수 있도록 방법을 찾는다. 검색 엔진에서 해당 사이트를 쉽게 찾을 수 있도록 설정하고 인기 검색어와 연결시키는 환경을 구축한다.

웹 사이트가 완성된 뒤에는 서비스 기능을 향상시키기 위해 정기적으로 최신 정보 및 새로운 콘텐츠를 업데이트하고 점검한다.

웹 마스터

웹 사이트의 전반적인 사항에 대한 기술적인 책임을 지며, 문제가 발생할 때 직접 해결하거나 개발자와 함께 문제를 해결한다.

웹 사이트의 게시판을 관리하고 사용자의 질문이나 건의 사항 등 사이트 내에서 발생하는 문제를 해결하여 최적의 상태로 운영될 수 있도록 관리한다.

홈페이지는 개인이나 단체 또는 기업의 이미지를 대표하는 상징이며 사람들이 편리하게 방문하여 필요한 정보를 검색할 수 있는 수단이므로, 웹 마스터는 의뢰인의 요구와 기업의 정체성을 잘 살릴 수 있는 사이트를 구축해야 한다.

기획자와 디자이너, 프로그래머 등 분야별 개발자의 다양한 의견을 듣고, 의뢰인의 요구에 맞게 조율하는 과정을 거쳐야 한다. 사람들은 세련되고 편리한 홈페이지에 익숙하며 점점 더 수준 높은 홈페이지와 개성 있는 프로젝트를 원한다. 전문가의 의견을 통합하며 완성도 높은 결과물을 내야 하기 때문에, 웹 사이트 구축이 완료될 때까지 야근을 자주 하기도 하며 정신적인 스트레스도 큰 편이다.

그러나 제작사와 의뢰인, 개발자 모두가 만족하는 홈페이지가 완성되거나 경쟁사와 차별화된 프로젝트가 완성되어 사람들의 반응과 결과물이 좋을 때는 큰 보람을 느낄 수 있다.

웹 마스터가 웹 사이트 개발의 전 과정을 담당하던 과거에 비해 지금은 분야별 전문가와 함께 작업하게 됨으로써 각자의 전문성을 살릴 수 있고 업무 부담도 감소되었다.

웹 마스터는 인터넷을 통해 세계를 아우르는 웹 사이트를 제작하고 나날이 발전하는 IT 발전을 주도하는 자부심을 가질 수 있는 매력적인 직업이라고 할 수 있다.

3. 웹 마스터에게 필요한 능력

웹 마스터는 프로그래밍을 위한 수리력과 물리와 같은 이과적 능력 외에도 논리력과 법칙에 따라 순서를 배열하고 분석할 수 있는 꼼꼼함이 필요하다. 기술적 오류에 대비하고 완료된 프로젝트를 유지하고 보수할 수 있도록 컴퓨터 구조와 시스템에 대한 지식과 기술을 기본적으로 갖추어야 한다.

웹 마스터는 웹 사이트 구축을 위한 책임자이기 때문에 리더십을 가지고 개발자들의 의견을 통합할 수 있도록 이끌어야 하며, 동시에 스트레스를 감내할 수 있는 강한 정신력이 요구된다. 기획자, 디자이너, 프로그래머 등 각 분야의 전문가와 협업하기 위해서는 사람들을 존중하고 의견을 경청하는 자세가 바탕이 되어야 하며, 하나의 팀이 되어 협력하여 문제를 해결하고 고객의 요구에 적합한 사이트를 개발할 수 있도록 리더십을 발휘해야 한다. 팀을 이끌 수 있는 기획력과 다양한 의견을 가진 사람들을 설득하고 문제를 해결하기 위한 의사소통 능력과 대인 관계 능력이 꼭 필요하다.

이와 함께 사람들의 관심을 끌 수 있는 예술성과 디자인 능력 및 공간 지각 능력, 차별화된 웹 사이트를 구축하기 위한 기발한 아이디어와 개발 능력이 있으면 더욱 좋다.

4. 웹 마스터와 관련된 학과 및 자격증

- **관련 학과**: 전산학과, 컴퓨터공학과, 컴퓨터응용설계과, 인터넷정보학과, 응용소프트웨어공학과 등
- **관련 자격**: 정보처리기능사, 정보처리산업기사/기사, 웹디자인기능사, 멀티미디어콘텐츠제작전문가 등

 **국제공인인터넷웹마스터에 대해 알아볼까?**

국제공인인터넷웹마스터(CIW: Certified Internet Webmaster)란 미국의 프로소프트(Prosoft)사가 개발한 웹 마스터 인증 시험으로 인터넷 관련 서비스나 인트라넷과 관련한 서비스를 설계, 개발, 관리, 보안, 지원할 수 있는 전문가를 인증하는 국제 공인 자격증이다.

5. 웹 마스터의 직업 전망

인터넷 환경, 모바일, 소프트웨어 등 IT 기술은 나날이 발전하고 있고 웹 사이트를 통한 전자 상거래, 금융 서비스, 온라인 민원 서비스 등의 활용도 증가하고 있다. 현대인에게 웹 사이트는 가장 편리하게 정보를 얻는 공간이기 때문에 많은 기업체와 공공 기관에서는 홈페이지를 구축하고 있다. 또한 시간과 공간을 초월하는 인터넷의 특성을 이용해 홈페이지를 마케팅과 홍보 수단으로 적극 활용하기도 한다.

웹 사이트는 우리 생활 깊숙이 연결되어 많은 사람들이 방문하는 만큼 다양한 콘텐츠와 정보를 제공하고 있으며, 편의성, 창의성, 기술력이 융합되어 있다. 또한 스마트폰과 사물 인터넷에 이르기까지 변화하는 시대상에 맞추어 다양한 기술력을 활용할 수 있는 발전 가능성이 큰 분야이다. 특히 현대인의 필수품인 스마트폰의 활용으로 모바일 웹에 대한 수요는 눈에 띄게 증가하고 있어 관련된 일자리 창출과 성장이 활발하게 진행되고 있다.

웹 마스터는 높은 수준의 전문 지식이 필요하고 빠른 속도로 발전하는 기술 분야인 만큼 꾸준히 새로운 기술을 공부해야 하는 직업이지만, 웹을 사용하는 사람들과 이용률이 나날이 증가하고 있어 웹 마스터의 인력 수요와 미래 전망은 밝다고 할 수 있다.

웹 마스터

웹 마스터가 되기 위해서는 전문 대학 및 대학교의 컴퓨터공학과, 전산학과, 응용소프트웨어공학과 등에서 웹 구축에 필요한 서버, 네트워크, 데이터베이스, 프로그래밍 등에 대해 공부하는 것이 좋다. 더불어 개인, 단체, 기업, 공공 기관의 정보를 제공하고 그 특징을 잘 나타낼 수 있는 감각적이고 가독성 있는 사이트를 구축할 수 있는 역량이 필요하므로 사설 업체나 관련 교육 기관에서 디자인 교육을 받는 것도 추천할 만하다.

공채나 특채, 교육 기관, 인터넷 사업체, 인터넷 쇼핑몰 구축업체, 기업체 및 공공 기관의 전산실, 시스템 통합(System Integration) 업체 등의 연계를 통해 웹 마스터로 진출할 수 있다. 한국산업인력공단에서 시행하는 웹디자인기능사, 정보처리기능사 및 기사, 정보처리산업기사 또는 민간 자격증으로 한국정보기술연구원이 주관하는 웹프로그래머(WPC) 자격증을 취득해 놓으면 현장에서 많은 도움을 받을 것이다. 웹 프로그래머나 디자이너로 활동하다가 경력을 쌓아 웹 마스터로 진출하기도 한다.

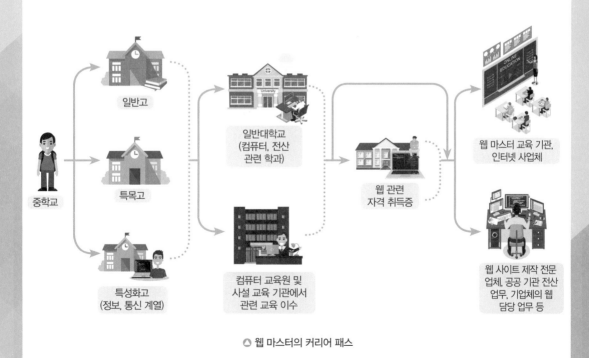

중학교

일반고

특목고

특성화고
(정보, 통신 계열)

일반대학교
(컴퓨터, 전산
관련 학과)

컴퓨터 교육원 및
사설 교육 기관에서
관련 교육 이수

웹 관련
자격 취득증

웹 마스터 교육 기관,
인터넷 사업체

웹 사이트 제작 전문
업체, 공공 기관 전산
업무, 기업체의 웹
담당 업무 등

○ 웹 마스터의 커리어 패스

인터넷정보학과

학과 소개

인터넷정보학과에서는 컴퓨팅 사고
능력 함양을 위한 기본 교육부터 사회 요구형
인재 양성을 위한 프로젝트 중심의 교육을 지향
하며, 문제 해결 능력 배양에 중점을 둔 교육을 실시
한다. 정보화 사회에서 요구하는 앱과 웹 기술을
기반으로 스마트폰을 이용할 수 있는 다양한 콘텐
츠 개발 및 운용 능력을 배양하고 전문 지식과
기술을 연마함으로써 국가 기술력을 향상
시킬 수 있는 유능한 전문인
양성을 목표로 한다.

진출 직업

디지털 콘텐츠 개발 및 제작업체,
융합 IT 산업 분야, 스마트 디지털 영상 편
집(인터넷 방송) 업체, 컴퓨터 그래픽 업체, 영상
매체 관련 업체(언론사/방송국/출판사/광고/
디자인/애니메이션), 정보 통신/인터넷 관련 업체,
게임 관련 업체(프로듀서/기획/창작/그래픽/
프로그래머), 웹 프로그래머, 모바일 캐릭터
디자이너, 웹 마스터, 전자 상거래 요원,
콘텐츠 개발 관련 프리랜서,
쇼핑몰 마스터

적성 및 흥미

기본적으로 수리 논리력과 자기
관리 능력, 공간 지각 능력이 뛰어나야 하며
외국어를 포함한 언어 능력과 자기 성찰 능력을
갖추면 도움이 된다. 컴퓨터 알고리즘과 네트워크
보안, 웹 프로그래밍 등으로 교육 과정이 이루어져
있으므로 컴퓨터에 대한 관심과 열정이 있어야
하며 끈기와 성실함을 갖추고 있으면 도움이
된다. 여러 가지 자격을 요구하는 경우가
많으므로 성실함을 바탕으로 꾸준
한 준비가 필요하다.

관련 학과

디지털응용정보학과, 디지털
정보공학과, 인터넷정보공학과,
인터넷콘텐츠학과, 인터넷학과,
정보과학부, 정보컨설팅학과, 인터넷
컴퓨터과, 인터넷정보처리과, 인터넷
정보과, 인터넷정보기술과,
스마트정보과

자격 및 면허

★국내 자격★

정보처리산업기사, 사무자동화산업기사,
컴퓨터활용능력(PCT), 스마트앱마스터, ITQ마스터,
CTQ마스터, 인터넷정보관리사, 인터넷정보검색사,
3D MAX 기능인증, 애니메이션지도자, 멀티미디어
콘텐츠제작전문가, 홈페이지관리사, 네트워크관리사,
마이크로소프트인증전문가자격증(MCP),
전자상거래관리사, 정보처리기사

★국제 자격★

국제공인인터넷웹마스터(CIW),
SCJP, OCP

진출 분야

★학계 및 교육계★

대학 교수, 교사, IT 전문 강사, 연구소,
대학원 등

★연구소 및 기업체★

글로벌 IT 업체, 소프트웨어 개발, 디자인, 방송
미디어, 게임 개발, 보안 SW 등 미디어 및 소프트
웨어 관련 기업, 금융 및 무역 관련 기업 등

★정부 및 공공 기관★

정부, 공공 기관, 법조계, 연구소

중·고등학교
학교생활 포트폴리오

★동아리 활동★

과학, 수학, 공학, 컴퓨터 관련 동아리
활동에 참여할 것을 권장한다.

★봉사 활동★

어르신이나 초등학생을 대상으로 하
는 컴퓨터 활용 교육이나 과학 실험
보조 활동을 해 볼 것을 권장한다.

★독서 활동★

공학, 컴퓨터, 4차 산업 혁명 등 관련
분야의 기초 지식을 얻을 수 있는 책
을 즐겨 읽는 것이 좋다.

★교과 공부★

수학, 과학, 정보, 영어 과목에 집중하
는 것이 유리하다.

★교외 활동★

인공 지능, 신재생 에너지 등 첨단 기
술을 접할 수 있는 체험 및 수학·과
학과 관련된 캠프에 참여하는 것을
추천한다.

※ 과학, 수학 교과 실적과 정보화 대회와 같은 컴퓨
터와 관련된 행사에 참여하는 것이 도움이 된다.

05 전자 상거래 전문가

관련 학과
전자상거래학과
48쪽

1. 전자 상거래 전문가의 세계

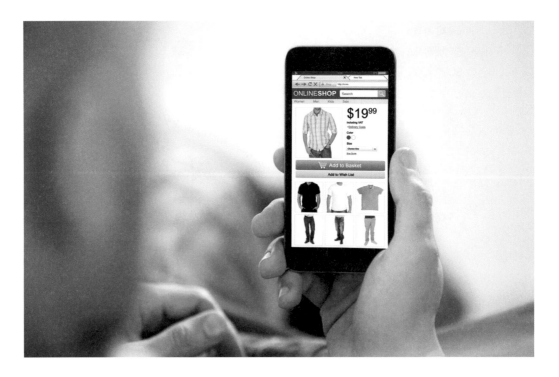

　한 번쯤은 인터넷을 통해 갖고 싶은 물건을 편리하게 주문해 본 경험이 있을 것이다. 인터넷과 모바일의 대중화로 전자 상거래 시장이 매년 급성장하고 있다. 스마트폰 하나만 있으면 시간과 장소에 구애받지 않고, 백화점이나 대형마트에서 판매되는 상품을 더 좋은 조건으로 구매할 수 있으며, 간편 결제 시스템이 갖추어지면서 결제 과정도 간단해져 누구나 손쉽게 인터넷 쇼핑을 할 수 있게 되었다.

　인터넷 쇼핑몰은 전자 상거래의 한 형태인데, 전자 상거래란 정보 기술을 이용하여 컴퓨터 통신망에서 이루어지는 모든 상거래를 의미한다. 과거에는 이메일과 팩스 등을 주로 활용하였으나, 최근에는 대부분 인터넷과 모바일을 이용한다. 전자 상거래에서는 유형의 물품만 구매, 판매하는 것이 아니라 각종 콘텐츠 등 눈에 보이지 않는 서비스도

거래되기 때문에 그 범위가 매우 넓고, 형태 또한 복잡해지고 있다. 전자 상거래는 기업과 소비자, 기업과 기업, 기업과 정부 간에 상품과 서비스의 매매, 유통, 광고, 마케팅, 고객 관리 등을 포함하면서 발전하고 있다.

전자 상거래가 활발히 성장하고 있는 이유는 뭘까? 전자 상거래는 운영자 입장에서는 운영 시간과 공간의 제약이 없고, 유통에 소용되는 비용, 건물을 빌리는 데 드는 임대료, 매장을 꾸미는 데 들어가는 시설비, 직원 채용에 드는 인건비 등을 줄일 수 있다. 한편 소비자 입장에서는 매장을 직접 찾아다니면서 가격 비교를 하지 않아도 언제든지 구매하고 싶은 물품을 검색하여 구매 결정만 하면, 결제에서 배송까지 신속하게 진행되니 그 편리성으로 인해 많은 사람들이 이용하고 있다.

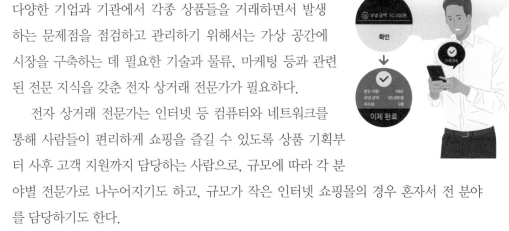

인터넷 쇼핑몰 업체 외에도 일반 기업체, 금융 기관 등의 다양한 기업과 기관에서 각종 상품들을 거래하면서 발생하는 문제점을 점검하고 관리하기 위해서는 가상 공간에 시장을 구축하는 데 필요한 기술과 물류, 마케팅 등과 관련된 전문 지식을 갖춘 전자 상거래 전문가가 필요하다.

전자 상거래 전문가는 인터넷 등 컴퓨터와 네트워크를 통해 사람들이 편리하게 쇼핑을 즐길 수 있도록 상품 기획부터 사후 고객 지원까지 담당하는 사람으로, 규모에 따라 각 분야별 전문가로 나누어지기도 하고, 규모가 작은 인터넷 쇼핑몰의 경우 혼자서 전 분야를 담당하기도 한다.

세계화 시대에서 온라인 시장은 매우 중요하며, 컴퓨터의 대중화와 정보 통신 기술의 급속한 발달로 전자 상거래 거래 시장의 규모와 분야는 점점 더 커지고 있다. 우리나라의 인터넷망과 스마트폰 보급률은 세계 최고 수준을 자랑하고 있어 앞으로 전자 상거래는 더욱 활발해질 것으로 보인다.

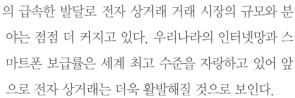

2. 전자 상거래 전문가가 하는 일

전자 상거래 전문가는 인터넷 전자 상거래의 시스템을 기획하고 개발한다. 인터넷 쇼핑몰을 설계하고 관리하면서 해당 사이트를 이용한 마케팅과 컨설팅까지 인터넷상 거래의 모든 것을 총괄하는 일을 한다.

사업의 기획부터 콘텐츠 개발, 시스템 구축, 서버 관리 및 운영, 상품 구매, 마케팅 등을 담당한다.

개인, 기업, 정부 등 경제 주체들이 네트워크를 통해 전자적인 방식으로 상품과 서비스를 교환하는 것을 활성화시키는 일을 한다.

전자 상거래의 대상인 소비자와 사업주의 요구를 반영하는 마케팅 전략을 수립하고 전자 상거래 구축과 관련된 컨설팅을 수행한다.

전자 상거래용 웹 프로그래밍, 고객 데이터 분석 등의 업무와 전자 상거래 분야의 진단, 지도, 교육 등 전문 컨설턴트 역할도 담당한다.

전자 상거래의 법률적 문제를 검토하여 사이트를 설계·구축하며, 판매와 유통 계획을 수립하고 사이트의 운영과 관리를 감독하는 일도 수행한다.

전자 상거래는 인터넷을 기반으로 하기 때문에 최소한의 매장으로도 운영이 가능하며, 비교적 저렴한 비용의 온라인 광고나 신제품 업데이트만으로도 제품 정보를 신속하게 제공해 줄 수 있다. 또한 소비자는 다양한 검색 방법과 비교를 통해 질 좋은 제품을 싼 값에 언제 어디서나 구매할 수 있다는 장점이 있다. 그러나 온라인에 제시된 정보만으로 상품을 판단하여 구매해야 하므로 상품 접근성에 한계를 가지고 있다.

따라서 전자 상거래 전문가는 이러한 한계를 극복하기 위해 지속적으로 연구해야 한다. 또한 전자 상거래의 특성상 인터넷상의 전자 결제가 진행될 때 안전하게 결제가 이루어지게 해야 하며 개인 정보가 유출되지 않도록 소비자와의 신뢰를 유지하기 위해 노력해야 한다.

3. 전자 상거래 전문가에게 필요한 능력

전자 상거래 전문가는 주로 컴퓨터로 업무를 처리하므로 컴퓨터를 활용할 수 있는 능력을 기반으로 웹 디자인, 웹 프로그래밍, 웹 사이트 기획, 경영, 경제 등 다양한 분야에 관심이 많으면 좋다. 상품과 시장 정보를 데이터베이스화하고 끊임없이 업데이트하

는 등 필요한 정보를 신속하게 얻을 수 있는 능력을 키워야 한다. 또한 방대한 데이터를 효율적으로 분석하여 장단점을 파악할 수 있어야 한다.

상품 판매를 위해서는 기획력, 마케팅, 영업 능력이 필요하며 통신 기술과 인터넷에 능통하고 영어 등의 외국어 능력을 갖추고 있으면 유리하다. 웹상에서 시스템을 구축하고 있는 마케팅 부분과 배송 관련 부분에 대한 안전 조치도 중요하므로 도덕성을 갖추고 끝까지 책임감 있는 태도로 응대할 수 있어야 한다.

그것이 알고싶다 전자 상거래의 거인, 아마존닷컴의 성공 비결에 대해 알아볼까?

1994년 인터넷 서점으로 첫발을 내딛은 아마존은 현재 미국의 전자 상거래 기업 중 독보적인 1위 기업이 되었다. 또한 미국뿐만 아니라 일본, 영국, 이탈리아, 독일 등에서 유통 시장을 장악하며 막강한 영향력을 발휘하고 있다.

아마존의 창업자 겸 최고경영자 제프 베조스(Jeffrey Preston Bezos)는 언제나 빠르게 투자하고 기업 규모를 키우는 것을 최우선 경영 전략으로 삼아 왔다. 과감한 투자를 통해 최첨단 물류 창고와 설비 등을 구축하여 미국과 같은 넓은 국토 환경에서도 주문 후 2시간 내에 집 앞까지 상품을 배달하는 서비스를 가능하게 하였다. 그는 고객 주문과 물류가 둘로 나뉘어져 있어 비효율적이었던 물류 업계의 관행을 깨고 대규모 물류 창고를 마련하여 소매상들로부터 이미 제품을 구매해 놓은 뒤, 주문을 받은 즉시 배송이 가능한 아마존 전용 물류 시스템을 개발하였다. 이러한 물류 시스템의 혁신을 기반으로 한 빠른 배송과 반품 서비스, 버튼 한 번으로 주문과 결제가 이뤄지는 원클릭 간편 결제, 철저한 박리다매 전략 등에 힘입어 아마존은 종합 전자 상거래 업체로 발돋움할 수 있었다.

전자 상거래 시장의 역사를 새로 쓴 아마존은 최근에는 인공 지능 등 첨단 기술을 활용하여 이용자 정보를 활용한 자동 상품 추천, 인공 지능 스피커를 통한 음성 물품 주문, 독점 온라인 TV 서비스 등 기발한 혜택을 제공하며 사업의 영역을 확장하고 있다.

4. 전자 상거래 전문가와 관련된 학과 및 자격증

- **관련 학과**: 마케팅정보과, 전산학과, 전자상거래학과, 정보통신공학과, 전자과 등
- **관련 자격**: 전자상거래운용사, 전자상거래관리사, 사무자동화산업기사, 정보처리기사 등

그것이 알고싶다 전자상거래관리사에 대해 알아볼까?

대한상공회의소에서 시행하는 유통, 마케팅 분야의 국가기술자격시험이다. 전자 상거래에 관한 기초적인 지식과 기능을 바탕으로 전자 상거래 관리사의 업무를 보조하고, 관련 분야의 업무를 수행할 수 있는 지식과 기능을 갖추었는지 평가하는 시험이다. 인터넷 일반, 전자 상거래 일반, 컴퓨터 및 통신 일반 과목에 대한 필기시험과 전자 상거래 구축 기본 기술 과목에 대한 실기 시험으로 구성된다.

전자상거래관리사는 인터넷 비즈니스 전문가로서, 정보 통신의 급속한 발달로 인해 급증하는 전자 상거래 매출에 대응하여 전자 상거래와 관련된 기획 및 관리 업무를 총괄하는 전자 상거래 전문 인력이다. 인터넷 쇼핑몰 업체, 기업의 쇼핑몰, 정보 통신 업체, 유통 업체, 서비스 업체 등에서 주로 전자 상거래 전반에 대한 관리 업무를 수행한다.

5. 전자 상거래 전문가의 직업 전망

우리는 인터넷을 통해 물건을 구매하는 방식이 친숙한 시대에 살고 있으며, 전자 상거래 분야는 각종 컴퓨터 통신 기술의 발달로 매우 빠른 속도로 변화하고 있다.

우리나라의 전자 상거래 시장은 국내 유통 업체들이 간편 결제 및 당일 배송과 같은 빠르고 저렴한 배송 서비스를 실시하면서 시장을 장악한 상태이다. 그러나 만일 미국의 아마존닷컴, 일본의 라쿠텐, 중국의 타오바오 등 세계 최대의 온라인 쇼핑몰 회사들이 우리나라에 진출한다면 세계적인 전자 상거래 전문 업체들과의 치열한 경쟁이 예상된다. 세계 최대의 온라인 쇼핑몰 회사의 국내 진출, 국내 온라인 쇼핑몰 회사의 해외 시장 공략 등은 국경 없는 전자 상거래 시대를 이끌 전문 인력에 대한 수요를 지속적으로 유지하게 만드는 중요한 환경 변화로 볼 수 있다.

4차 산업 혁명 시대로 접어들면서 인공 지능과 빅데이터를 활용한 쇼핑이 현실화될 것이라는 기대감이 커진 상황이다. 또한 생산, 유통, 관리 등의 비용 절감을 통해 생산성이 향상될 수 있기 때문에 기업체에서도 전자 상거래 구축이 늘고 있어 전자 상거래 전문가의 고용은 계속 증가할 것으로 보인다.

전자 상거래 전문가

전자 상거래 전문가가 되기 위해서는 경영학과, 경제학과, 마케팅학과, 컴퓨터공학과 등을 졸업하는 것이 유리하다. 특히 전문 대학 및 대학교에 전자상거래학과, 인터넷비즈니스과 등 전자 상거래 관련 학과들이 개설되어 있어 전자 상거래 개론, 인터넷 마케팅, 인터넷 쇼핑몰 구축, 네트워크 및 서버 관리, 웹 디자인 등을 배우면 도움이 된다.

정보 통신 기술과 인터넷 마케팅 등 경영에 관한 지식을 평가하는 국가기술전문자격시험인 전자 상거래관리사 자격증을 취득하면 공공 기관, 대기업, 중소 기업 채용에 유리하다. 제조업, 정보통신업, 서비스업, 금융업, 기업체의 e-비즈니스 팀, 공공 기관의 전산 분야, 경영과 경제, 기획과 마케팅, 디자인과 프로그래밍과 같은 다양한 분야로도 진출이 가능하다. 또한 인터넷을 기반으로 다양한 분야의 창업을 통해 전자 상거래 전문가로 일할 수 있다.

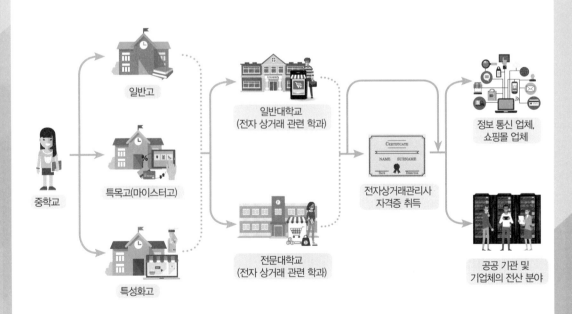

중학교

일반고

특목고(마이스터고)

특성화고

일반대학교
(전자 상거래 관련 학과)

전문대학교
(전자 상거래 관련 학과)

CERTIFICATE
NAME   SURNAME

전자상거래관리사
자격증 취득

정보 통신 업체,
쇼핑몰 업체

공공 기관 및
기업체의 전산 분야

◎ 전자 상거래 전문가의 커리어 패스

대학교 관련 학과 전자상거래학과

학과 소개

전자상거래학과에서는 사이버 공간에서의 경영 조직과 경영 활동의 변화를 이해하고 연구하는 최신 학문을 다룬다. 전자 상거래 경영에 필요한 전반적인 지식과 기술의 숙련을 위한 전자 상거래 전 과정의 기획, 전략 개발, 경영적·기술적·법적·전략적 요소의 관리, 감독 등의 역할을 수행할 수 있는 능력을 배양시킨다. 정보 관리 및 전자 상거래 기술과 국제 마인드가 결합된 새로운 경영 패러다임을 창조하는 디지털 경영 전자 상거래 전문가를 양성하고자 하는 학과이다.

진출 직업

전자 상거래 전문가, 온라인 포털, 정보 보안 솔루션, 네트워크 솔루션, 온라인 게임 등 경영 및 정보 기술 분야 벤처 기업 창업, 전자 상거래 및 e-비즈니스 기업의 경영자, 쇼핑몰 관리자, 인터넷 컨설턴트, 웹 기획 및 제작자, 전자 상거래 프로그래머 및 관리자

적성 및 흥미

평소 인터넷, 마케팅, 경영, 경제 등 다양한 분야에 관심을 갖고 기본적인 컴퓨터 활용 능력과 함께 기획력, 영업 능력, 마케팅 능력을 갖추고 있으면 좋다. 특히 웹 사이트 기획, 인터넷 마케팅, 웹 디자인, 웹 프로그래밍 분야에 흥미를 가지고 집중할 수 있는 자세가 필요하다.

관련 학과

전자상거래·무역학과, 정보·전자상거래학부, 마케팅정보과, 정보통신공학과, 행정전산과, 전산학과, 전자과, 전자공학과

자격 및 면허

경영지도사, 유통관리사,
전자상거래관리사, 전자상거래
운용사, 감정평가사, 인터넷정보
검색사, 전산회계사, 조사분석사,
정보처리기사, 인터넷정보
관리사

진출 분야

★기업체★
유통·물류 관련 국내 회사 및 글로벌 회사,
금융 기관 서비스 업체, 사이버 마케팅 업체

★정부 및 공공 기관★
유통·물류 관련 정부 투자 기업

★기타★
언론계 물류팀, 유통·물류 관련
국책 및 민간 연구소

★동아리 활동★

경제, 마케팅, 컴퓨터 활용과 관련된
동아리 활동을 통해 많은 경험을 쌓
는 것이 중요하다.

★봉사 활동★

공공 기관이나 사회 복지 시설 등에서
지속적인 봉사 활동을 할 것을 추천
한다.

★독서 활동★

산업, 경영, 경제, 마케팅, 컴퓨터 등
전공과 관련한 폭넓은 독서 활동을
권장한다.

★교과 공부★

국어, 수학, 영어, 과학, 정보 등 관련
교과 실력 향상에 힘쓰고, 적극적으
로 수업에 참여하여 학업 역량을 발
휘하는 것이 좋다.

★교외 활동★

웹 사이트 운영 관련 활동이나 콘텐
츠 개발과 관련된 박람회에 적극 참
여하는 것을 추천한다.

※ 수학, 영어, 정보 교과 우수상 및 경영, 마케팅 관
련 각종 공모전에 참여하는 것이 도움이 된다.

06 정보 보호 전문가

관련 학과
정보보호학과
56쪽

1. 정보 보호 전문가의 세계

    2017년 5월 전 세계는 '워너크라이(WannaCry)'라는 랜섬웨어의 공격으로 떠들썩했다. 대규모 사이버 공격을 통해 널리 배포된 이 랜섬웨어는 전 세계 99개국의 컴퓨터 12만 대 이상을 감염시켰다. 영국의 국민보건서비스(NHS)를 비롯하여 다양한 기업 및 기관이 막대한 피해를 보았으며, 국내에서도 대형 영화관 등에서 피해가 발생했다. 워너크라이는 문서 파일, 압축 파일, 데이터베이스 파일, 가상머신 파일 등 다양한 파일을 암호화하였으며, 암호화된 파일을 푸는 대가로 사용자에게 300~600달러의 <u>비트코인</u>을
요구하는 메시지를 띄웠다.
지폐나 동전과 달리 물리적인 형태가 없는 온라인 가상 화폐. 디지털 통화

    '랜섬웨어(Ransomware)'란 감염된 컴퓨터 파일을 암호화하여 이를 풀어 주는 조건으로 돈을 요구하는 악성 프로그램으로, '몸값'을 뜻하는 'ransome'과 '악성 프로그램'을

뜻하는 'malware'의 합성어이다. 이처럼 랜섬웨어 해커 집단이 암호를 풀어 주는 대가로 익명성과 국가 간 거래의 편리성을 가진 비트코인을 요구하고, 이렇게 탈취한 비트코인을 블랙 해커나 범죄 단체들이 사용하는 사례가 늘어나고 있다.

> ↪ 악의적인 목적으로 다른 사람의 컴퓨터에 침입하여 자료를 불법적으로 탈취하고 열람, 파괴 등의 행위를 하는 사람들

우리 삶의 안식처인 집도 문단속을 철저히 하지 않거나 창문 등을 열어 두면 침입자가 쉽게 들어올 수 있는 것처럼, 컴퓨터도 보안이 허술하면 해킹을 당하거나 바이러스로 인해 컴퓨터에 있는 파일들이 손상될 수 있다. 실제로 우리가 인식하지 못하는 사이에 정보 유출과 악성 코드 공격이 빈번하게 이루어지고 있다. 블랙 해커는 컴퓨터를 악성 코드에 감염시켜 전산망에 연결된 다른 기기들까지 불법적으로 조종하기도 한다. 만약 블랙 해커의 공격으로 기업이나 공공 기관과 같은 국내 주요 기관의 전산망이 일제히 마비되는 사고가 발생한다면 매우 큰 혼란과 손실이 생길 것이다.

사회 전반에 걸쳐 혁신적인 변화가 예상되는 4차 산업 혁명 시대에 해킹을 비롯하여 타인의 정보를 파괴하고 개인 정보를 불법적으로 활용하는 등의 사이버 범죄 역시 그 수법이 점차 지능화, 고도화되고 있다. 이에 따라 정보 보호와 보안 관련 기술에 대한 사회적 요구는 더욱 커지고 있으며, 다양한 정보 자산을 블랙 해커로부터 보호해 주는 기술력을 갖춘 창의적인 정보 보호 전문가에 대한 수요가 점점 늘어나고 있다. 하지만 정보 보호 관련 전문 인력은 매우 부족한 실정이다.

앞으로 신종 해킹 탐지 기술과 해킹 보호 기술 개발과 관련하여 정보 보호 전문가의 역할은 더욱 커질 것이다. 이러한 사이버 해킹 문제에 대비하기 위해 컴퓨터 지식을 기반으로 서버의 약점을 연구해 해킹을 막는 전략을 세울 수 있는 실력 있는 정보 보호 전문가가 필요하다.

그것이 알고 싶다 해커에 대해 알아볼까?

해커는 영화에 나오는 악당들이 자주 쓰는 검은 모자를 쓴 해커라는 의미의 블랙 햇 해커(Black-Hat Hacker)와 하얀 모자를 쓴 화이트 햇 해커(White-Hat Hacker)로 구분한다. 우리가 흔히 알고 있는 부정적 의미의 해커가 바로 블랙 해커이며 화이트 해커는 블랙 해커에 대응하여 정보를 보호하는 일을 한다.

화이트 해커는 사이버 공간에서 불법적인 방법으로 침투해 중요한 정보를 훔치거나 국가 주요 시설을 마비시키는 등 악의적 행위로 해를 끼치는 블랙 해커와 컴퓨터 지식을 이용해 불법으로 컴퓨터를 해킹하는 크래커(Cracker)에 대응하는 일을 한다. 화이트 해커와 블랙 해커의 중간적 성격을 띠거나 구분이 불분명한 해커를 그레이 해커라고 부르기도 한다.

2. 정보 보호 전문가가 하는 일

정보 보호 전문가는 컴퓨터 시스템의 정보를 보호하기 위해 정보 시스템과 정보 보안 정책을 수립하고 해킹 위험에 대비하기 위해 시스템에 대한 접근 및 운영을 통제한다. 또한 네트워크 보안 체계를 구축하고 해커의 불법 침입을 탐지하여 신속히 대응 및 복구하며, 시스템 운용 및 관리 등의 기술을 활용하는 보안 관련 업무를 수행한다.

컴퓨터상에 있는 정보를 함부로 열람할 수 없도록 인증 시스템을 만들어 접근과 운영을 제한한다.

악성 코드 분석을 통해 주의 사항을 정리하여 사용자에게 보안 공고문을 제시한다.

컴퓨터 바이러스를 찾아내서 삭제하거나 바이러스를 치료하는 백신 프로그램을 개발하여 보급하고, 바이러스에 감염된 데이터를 복구한다.

방어 기능 프로그램을 제작하고 웹 사이트의 공격점을 탐색하거나, 웹 사이트를 공격해서 보안 취약점을 발견하고 알려준다.

정보를 해킹하려는 이들을 차단하기 위해 각종 방지책을 만들고 정보 자산을 효율적으로 보호할 수 있도록 컨설팅한다.

해커의 침입과 공격을 탐지하고 정보 자산을 보호하기 위해 서로 다른 네트워크를 지나는 데이터를 허용 및 거부하는 장치인 방화벽(Firewall)을 구축한다.

전문적인 지식과 기술을 필요로 하는 직업으로, 전문 인력이 적어 높은 연봉을 보장받을 수 있다. 해커의 공격과 바이러스로 인해 컴퓨터가 느려지거나 중요한 정보가 유출되는 것을 막아 사용자의 정보를 안전하게 지키면 보람과 즐거움을 느낀다. 그러나 각종 해킹에 대비하여 항상 긴장감을 유지해야 하고, 해커들의 공격을 막기 위한 기술을 끊임없이 연구해야 한다는 어려움이 있으며 이들의 공격을 막지 못했을 때 스트레스를 많이 받는다.

3. 정보 보호 전문가에게 필요한 능력

정보 보호 전문가는 소프트웨어와 하드웨어, 네트워크와 운영 체제, 네트워크 프로그래밍, 각종 프로그래밍 언어 등 컴퓨터 전반에 대한 전문 지식과 해킹 관련 지식을 알아야 한다. 또한 블랙 해커의 침입으로부터 정보를 보호하기 위해 최신 크래킹 기법에 대해 파악해야 한다. 꼼꼼한 태도, 공간 시각 능력, 창의력, 수리 논리력, 분석적 사고 능력, 여러 사람과 어울릴 수 있는 협업 능력과 의사소통 능력이 요구된다.

문제를 해결하기 위해 악성 코드를 분석하고 해킹 경로를 추적하기 위한 끈기도 필요하다. 악성 코드를 분석하다 보면 특정 국가에서 자주 쓰는 단어가 코딩 용어로 사용

되므로 외국어를 많이 알수록 유리하다. 컴퓨터 작업뿐만
아니라 보안과 해킹은 영어에 능숙할수록 정확하게 파악할
수 있으므로 외국어 공부는 끊임없이 해야 한다. 정보를 다루
다 보면 개인, 기업, 국가 등의 기밀을 접할 수도 있는데, 업무상
알게 된 정보를 유출하지 않도록 정보 보호에 대한 윤리 의식도
갖추어야 한다.

 그것이 알고싶다 **2017년 사이버 공격 동향에 대해 알아볼까?**

2018년 6월 한국마이크로소프트는 '사이버 보안 위협 보고서: 변화하는 환경 속에서 기업 보안의 현재'에서 2017년 가장 주목되는 사이버 공격 유형의 트렌드로 봇넷, 피싱, 랜섬웨어를 꼽았다.

봇넷(Botnet)은 악성 소프트웨어인 봇에 감염된 다수의 컴퓨터들이 네트워크로 연결되어 있는 형태를 말하는데, 사이버 범죄자가 인터넷을 통해 다수의 PC를 좀비 PC로 감염시킨 후 전 세계적으로 수백만 대의 컴퓨터에 지속해서 악의적인 공격을 수행하도록 지시할 수 있다.

반면 피싱(Phishing)은 어려운 보안 시스템을 뚫는 대신 안전한 사이트나 메일로 위장해 사용자의 실수를 유발하는 방식이다. 전자 우편 또는 메신저를 사용해서 신뢰할 수 있는 사람 또는 기업이 보낸 메시지인 것처럼 가장함으로써, 비밀번호 및 신용 카드 정보와 같이 기밀을 요하는 정보를 부정하게 얻으려는 수법이다.

마지막으로 랜섬웨어(Ransomware)는 컴퓨터 시스템을 감염시켜 접근을 제한하고 일종의 몸값을 요구하는 악성 소프트웨어의 한 종류로서, 문서뿐 아니라 운영 체제까지도 모두 암호화해 금품 등을 요구한다. 이러한 사이버 공격이 국내 기업에 미치는 경제적 손실은 국내 총생산(GDP)의 5%에 달할 정도로 심각한 것으로 나타났다.

출처: 한국마이크로소프트, '사이버 보안 위협 보고서' 발표, Microsoft, Korea News Center
(https://news.microsoft.com/ko-kr/2018/06/18/cybersecurity-report/)

4. 정보 보호 전문가와 관련된 학과 및 자격증

- **관련 학과:** 정보보호학과, 응용소프트웨어공학과, 디지털정보과, 전산학과, 인터넷정보학과, 정보통신공학과, 컴퓨터공학과, 컴퓨터보안과, 정보보안학과, 정보보안해킹학과, 사이버경찰과, 통계학과 등
- **관련 자격:** 정보처리기사, 정보관리기술사, 정보시스템감리사, 정보시스템감사사(CISA), 정보보안기사, 정보기술프로젝트관리전문가 등

정보 보호 전문가 관련 자격증에 대해 알아볼까?

① **정보보호전문가자격증(SIS: Specialist for Information Security):** SIS는 체계적인 정보 보호 전문 인력 양성을 목적으로 만들어졌다. 2013년부터는 정보 보안 분야 국가기술자격 제도로 승격되어 확대 시행되고 있다.

1년에 2번의 시험 기회가 있으며, 난이도에 따라 1급과 2급으로 나뉘어 있다. 시험은 필기 시험과 실기 시험으로 나뉘어 있고, 필기시험의 경우 크게 시스템 보안, 네트워크 보안, 애플리케이션 보안, 정보 보호론으로 분류할 수 있다. 실기 시험은 다양한 분야에서 실무 기반의 문제가 주어지며 이론에 비해 전반적으로 난이도가 높다.

② **정보기술프로젝트관리전문가(IT-PMP):** 정보 기술 프로젝트 관리에 대한 전문 지식과 실무 능력에 대해 검증하는 국가 공인 자격으로, 한국을 대표하는 프로젝트 관리 분야의 자격 체계로 자유 무역 협정(FTA) 시 국가 간 협정을 통해 상호 인증될 수 있는 국내 유일한 자격이다.

5. 정보 보호 전문가의 직업 전망

IT 분야의 발전과 더불어 컴퓨터 해킹 기법은 점점 다양해지고 지능화되고 있으며, 바이러스 유포, 홈페이지 변조, 악성 코드의 지능화, 개인과 기업의 정보 유출 등 문제가 더욱 심각해지고 있다. 이에 따라 컴퓨터 시스템을 활용하는 기관과 기업체 등에서 정보 보호 분야 시스템 전문 인력이 많이 필요한 실정이다.

미래 사회를 이끌어갈 인공 지능, 사물 인터넷, 클라우드 컴퓨팅, 빅데이터 등의 기반 기술이 모두 정보 보안과 관련되어 있다. 언제 어디서나 TV, 냉장고, 자동차 등 어떤 사물을 통해서도 컴퓨터를 활용할 수 있고, 모든 기기가 인터넷으로 연결되어 끊임없이 데이터를 주고받는 초연결 사회가 되면 모든 정보가 위험에 노출될 수 있기 때문에 정보 보호 전문가의 역할이 더욱 중요해질 것이다. 많은 분야에서 정보 보호 전문가를 필요로 하지만 수요에 비해 공급이 부족한 상태이다. 해킹 사고와 컴퓨터 바이러스, 사이버 테러에 대비하기 위한 정보 보호 기술과 사이버 보안 관련 인력에 대한 요구는 앞으로 더욱 거세질 것이다.

정보 보호 전문가

정보 보호 전문가가 되기 위해서는 전문 대학이나 대학에서 정보보호학과, 컴퓨터공학과, 컴퓨터소프트웨어공학과, 정보통신공학과, 전자공학과, 정보처리학과 등을 전공하면 유리하다. 소프트웨어, 하드웨어, 데이터베이스, 프로그래밍 언어, 운영 체제, 웹 보안, 악성 코드 분석 등 컴퓨터 전반에 대한 전문 지식을 기본으로 다양한 장비와 소프트웨어를 이용하여 보안 업무를 많이 경험할수록 도움이 된다. 주로 인터넷 보안업체나 컴퓨터 바이러스 백신 제조업체 등에 취업하거나, 대기업의 데이터베이스 구축과 정보 관리, 자료 보안과 관련된 부서로 취업하여 정보 보호 전문가로 활동하기도 한다.

정보처리기사, 정보처리기능사 등의 자격증을 취득하면 정보 시스템 감리 법인에 정보 시스템 감리원으로 취업할 수 있으며, 지식 정보 보안 컨설팅 전문업체, 정보 보호 관리 체계 인증 기관 등으로 진출할 수도 있다. 또한 공격과 방어 팀워크를 만들어 국가 기관인 국가정보원, 사이버안전국 등 국가 주요 기관에서 일할 수도 있고, 공기업 및 공사 기업과 은행, 증권, 보험 등의 금융권, 홈쇼핑 업체, 교육 기관 등에 취업하기도 한다.

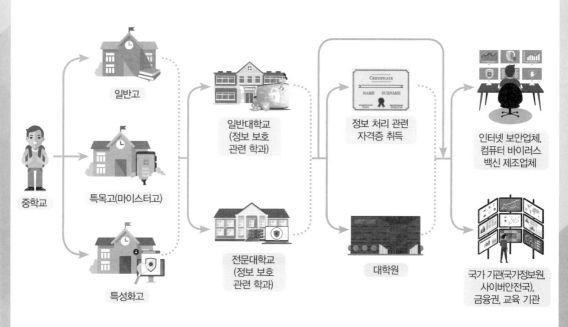

○ 정보 보호 전문가의 커리어 패스

대학교 관련 학과 정보보호학과

학과 소개

컴퓨터 및 정보 통신 기술을 바탕으로 정보 보호와 관련된 전문 지식과 실무적 경험을 동시에 배양한다. 안전한 정보 처리 환경 구축 및 관리를 담당하고 전자 거래에서 개인 및 거래 정보의 안전하고 신뢰성 있는 전달을 보장한다. 정보 보호 기술 분야의 전문 지식과 현장 능력을 갖출 수 있도록 암호 기술, 데이터 보안 및 사이버 수사, 정보 보호 정책 및 실무 등 훈련된 시스템 관리자 및 정보 보호 전문가를 양성하는 학과이다.

진출 직업

디지털 포렌식 전문가, 악성 코드 분석 전문가, 보안 관리자, 보안 컨설턴트, 보안 제품 개발자, 정보 보호 벤처 창업가, 정보 보호 전문 업체와 공공 기관의 정보 보호 전문가, 데이터 과학자, 데이터 보안 전문가, 사이버 수사 요원, 정보 통신 컨설턴트, 시스템 보안 전문가

적성 및 흥미

정보 기술에 대한 관심과 호기심을 갖고 적극적으로 도전하는 자세로 새로운 것을 접하면 좋다. 논리적 사고력을 키울 수 있는 수학과 컴퓨터 용어의 기본이 되는 영어를 잘하고, 관련 자격증을 취득할 수 있는 끈기와 열정이 있으면 유리하다. 정보 보안의 핵심 요소인 윤리성도 갖추고 있어야 한다. 수학, 물리, 화학, 생물 등 다양한 분야를 융합하는 일에 관심이 많고, 응용력과 창의력을 바탕으로 한 문제 해결 역량을 지니고 협업할 수 있어야 한다.

관련 학과

사이버보안과, 융합보안학과, 정보관리보안학과, 정보보안학과, 해킹보안학과, 컴퓨터공학과, 컴퓨터보안과, 정보통신공학과, 전자공학과, 전산학과, 정보처리학과, 경영정보학과, 디지털정보과, 인터넷정보학과

★국내 자격★

네트워크관리사, 전자상거래관리사, 정보보안기사, 정보보안관제사, 정보정보처리기사, 정보보안산업기사, 그래픽스운용기능사, 사무자동화산업기사, 인터넷정보검색사, 정보보안관리사(ISM)

★국제 자격★

정보시스템보안전문가(CISSP), 정보시스템감사사(CISA)

자격 및 면허

진출 분야

★기업체★

소프트웨어 개발업체, 웹 프로그래밍 개발업체, 정보 보호 전문 기업체

★연구소★

한국인터넷진흥원, 전자부품연구원, 국가보안기술연구소, 국방과학연구소

★정부 및 공공 기관★

국가정보원, 금융보안원, 금융결제원, 사이버안전국

★동아리 활동★

컴퓨터 구조, 데이터베이스, 과학 분야와 관련된 동아리 활동을 통해 많은 경험을 쌓는 것이 중요하다.

★봉사 활동★

공공 기관, 사회 복지 시설 등에서 지속적인 봉사 활동을 할 것을 권장한다.

★독서 활동★

소프트웨어, 해킹, 프로그래밍, 수학, 과학 등 전공과 관련한 폭넓은 독서 활동을 권장한다.

★교과 공부★

정보, 영어, 수학, 국어, 과학 등 관련 교과 실력 향상에 힘쓰고, 적극적으로 수업에 참여하여 학업 역량을 발휘하는 것이 좋다.

★교외 활동★

소프트웨어 개발사의 견학 활동 및 정보 보안 관련 직업 체험 프로그램에 적극 참여한다.

※ 정보, 수학, 기술·가정 교과 우수상 및 교내 발명대회, 모의 해킹 대회 관련 각종 공모전에 참여하는 것이 도움이 된다.

07 통신 공학 기술자

관련 학과
정보통신공학과
64쪽

1. 통신 공학 기술자의 세계

　　1980년대에 핸드폰이 처음 도입된 이래로 이동 통신 기술은 대략 10년을 주기로 놀랄 만한 변화를 거쳐 왔다. 과거 핸드폰이 급한 연락이 필요한 특정 직업에 종사하는 사람들만의 전유물이었다면, 지금은 성인은 물론 어린 학생들에게도 스마트폰이 필요한 시대가 되었다. 일반 사용자 외에도 네트워크를 연결하는 수백 만 개의 사물 인터넷 장치들이 증가하고 있으며, 네트워크를 통해 제공되는 서비스도 늘어남에 따라 대역폭(어떤 매체나 기기를 경유하여 정보를 전송할 때의 전송량 또는 네트워크상에서 정보 통신을 위한 신호의 최고 주파수와 최저 주파수의 범위를 일컫는 말로 일반적으로는 통신에서 정보를 전송할 수 있는 능력, 즉 최대 전송 속도를 뜻한다.) 수요 역시 급증하고 있다.

　　이러한 요구에 발맞추기 위해 이동 통신 기술은 4G 시대를 지나 5G 시대를 열고 있

다. 5G는 4G의 데이터 전송 속도와 응답 속도 등을 개선하는 측면이 강한데, 28GHz
의 초고대역 주파수를 사용하여 기존 이동 통신 기술보다 더 빠르게 신호를 전송할 수
있다. 5G는 언제나, 모든 것을, 실시간으로 연결하는 세상을 목표로 삼고 있다.

사물 인터넷뿐만 아니라 가상 현실, 드론, 자율 주행 자동차 등 세상을 바꾼다는 미
래 첨단 기술이 모두 네트워크와 밀접하게 관련되어 있다. 네트워크를 잘 구축하기 위
해서는 기본적으로 유선 전화부터 초고속망, 데이터 통신, 이동 통신, 위성 통신, 인터
넷 전화, 유무선 네트워크, 인터넷 접속 등에 이르는 각종 유무선 통신망이 잘 갖춰져
있어야 하며, 이에 대한 연구와 개발, 설계가 필요하다.

통신 공학 기술자는 통신망을 통해 전 세계 사람들을 연결시켜 서로 소통할 수 있게
해 주고, 사물 인터넷 시대를 맞이하여 사람뿐만 아니라 사물과 사물, 그 밖의 무형의
것들도 연결하여 네트워크를 구축하는 역할을 한다.

통신 시장의 지속적인 성장과 더불어 디지털 가전
이 등장하고 다양한 신규 서비스가 개발되는 등 통
신이 여러 방면에 걸쳐 이용되면서 이것을 연
구하고 개발하는 통신 공학 기술자의 할 일도
다양해지고 있다. 그리고 새로운 기술에 대한
연구 개발 인력 수요와 함께 상대적으로 보안
이 취약한 무선의 특성상 통신 보안 관련 전
문 인력의 수요도 늘어날 것으로 보인다.

 5G에 대해 알아볼까?

국제전기통신연합(ITU)은 2015년 10월 전파통신총회를 열고, 5G의 공
식 기술 명칭을 'IMT(International Mobile Telecommunication)-2020'
으로 정했다. 5G는 '5th Generation Mobile Communications'의 약자
다. 2GHz 이하의 주파수를 사용하는 4G와 달리, 5G는 28GHz의 초고대역 주파수를 사용한
다. 과거 2000년대 상용화한 3G 통신 방식인 'IMT-2000'을 계승해서 2020년 상용화를 목
표로 삼는 모바일 국제 표준이다.

국제전기통신연합이 내린 정의에 따르면 5G는 최대 다운로드 속도가 20Gbps, 최저 다운
로드 속도는 100Mbps인 이동 통신 기술이다. 또한 1㎢ 반경 안의 100만 개 기기에 사물 인터
넷 서비스를 제공할 수 있고, 시속 500㎞ 고속열차에서도 자유로운 통신이 가능해야 한다.

5G의 다운로드 속도는 현재 이동통신 속도인 300Mbps에 비해 70배 이상 빠르고, 일반 LTE에
비해서는 280배 빠른 수준이다. 1GB 용량의 영화 한 편을 10초 안에 내려받을 수 있는 속도이다.

2. 통신 공학 기술자가 하는 일

통신 공학 기술자는 엄청난 양의 정보를 더 빠르고 안정적으로 전송하기 위해 각종 유무선 통신망 및 정보 통신 기기를 연구, 개발하여 실제로 이용할 수 있도록 한다. 통신 망이 안정적으로 운영되고 통신 품질을 유지하고 더욱 향상시키기 위해 점검하고 관리하는 등 통신과 관련된 다양한 분야의 일을 수행한다.

통신 공학 기술자의 업무를 분야별로 보면 신호 처리 분야, 통신 분야, 기술 분야로 구분된다. 신호 처리 분야의 기술자는 단파 방송의 서비스 현황 및 수신 상태를 분석하고 송출 시스템 및 송신 장비의 운용 사항을 검토하며 방송 시설을 설계하는 일을 한다. 여기서 단파 방송이란 3~30MHz의 주파수대의 전파를 사용하는 방송으로, 단파는 먼 거리까지 도달하는 성질이 있으므로 멀리 떨어져 있는 지역을 위한 국내 방송이나 국외 방송 등에 쓴다.

통신 분야의 기술자는 종합적인 유무선 통신망 체계를 구축하기 위해 망을 연구, 개발하고 설계하는 일을 한다. 이동 통신, 무선 LAN, 레이더 설비 등의 통신망이 안정적으로 운용될 수 있도록 전략을 수립하고 각종 유무선 정보 통신 설비를 설계하며 설치 공사를 감독하는 일을 한다. 또한 이에 관한 기술 자문과 감리를 한다.

기술 분야의 기술자는 위성 통신 연구, 설계, 제작 및 운영에 관한 일을 하며, 위성 통신을 이용한 방위 및 기간 산업 시설, 각종 생활 편리성 등을 연구, 개발하는 일을 한다.

효과적이고 종합적인 통신망 체계를 구축하기 위한 기획과 연구 및 세부 시설에 대한 계획을 수립하고 이에 대한 기술 자문과 감리를 수행한다.

전화기, 송수신기 등 각종 유무선 통신 장비를 설치한다. 설치된 통신망이 제대로 운영되는지 확인하며, 노후 시설을 바꾸는 등의 업무를 관리, 감독한다.

이동 통신, 위성 통신 등 다양한 분야의 연구를 수행하고, 통신 기술을 이용하여 각종 제품을 제작하며, 각종 생활 편리성을 향상시키기 위해 연구, 개발한다.

방송 서비스 현황 및 수신 상태를 분석하고 주파수를 선별한다. 송출 시스템 송신 장비 운용 사항을 검토하고, 방송 시설을 설계한다.

대용량의 데이터를 초고속으로 실시간 전송하기 위한 시스템, 전송 방식, 송수신 시스템의 연구 개발에 참여하고, 고객에게 서비스할 수 있는지 테스트한다.

통신 공학 기술자는 사람들에게 통신의 편리함과 양질의 서비스를 제공한다는 점에서 보람을 느끼고, 연구 및 개발 목표를 달성했을 때 성취감을 느낀다. 반면, 관련 학과 졸업생이 매년 다수 배출되면서 치열한 취업 경쟁이 따르고 업체에서도 전문 지식과 기술을 갖춘 인력을 선호하고 있어 실무 능력을 길러야 하는 부담이 있다. 통신 공학은 매우 빠른 속도로 기술 발전이 이루어지고 있는 분야이므로 항상 새로운 기술을 익히고 변화에 적응하려는 노력을 꾸준히 해야 하는 어려움이 있다. 품질 개발 진행 과정이 정해진 기간 내에 이루어져야 하므로 정신적 스트레스가 크다.

3. 통신 공학 기술자에게 필요한 능력

통신 공학 기술자는 수학과 물리학 및 컴퓨터의 구조와 원리에 대한 이해를 바탕으로 정보 통신에 대한 관심과 흥미가 있어야 한다. 각종 IT 기기나 통신 기술과 관련된 활동을 좋아하고 전자 공학과 컴퓨터 공학 분야에 대한 전문 지식과 판단력, 공간 시각 능력, 수리 논리력, 세심하고 꼼꼼한 성격을 가진 사람에게 유리하다. 항상 탐구하는 자세로 새로운 기술 습득과 연구에 많은 노력을 해야 하므로 분석적 사고력과 인내심과 추진력을 갖춘 리더십이 있는 사람에게 적합하다.

새로운 최첨단 통신 시스템을 개발할 수 있는 기술 개발 능력, 창의적 사고 능력이 필요하다. 일반적으로 여러 명이 팀을 구성하여 함께 작업하는 경우가 많으므로 다른 사람들과 원만한 관계를 유지하며 의사소통을 원활하게 할 수 있도록 협조적인 태도가 요구된다. 통신 기술의 급속한 발달로 통신 분야가 다양화되는 추세이므로 지속적으로 연구하는 자세를 갖추어야 한다. 통신 기기 설계 및 개발과 관련된 자료들이 영어로 되어 있는 경우가 많아 외국어 능력을 필요로 한다.

4. 통신 공학 기술자와 관련된 학과 및 자격증

- **관련 학과:** 전기공학과, 전자공학과, 정보통신과, 전기전자공학과, 전기제어공학과, 전파통신공학과, 반도체 · 세라믹공학과, 제어계측공학과, 정보통신공학과 등
- **관련 자격:** 정보통신산업기사/기사, 정보통신기술사, 전파전자통신산업기사, 방송통신산업기사, 무선설비기사, 전파전자기사, 전파통신기사 등

통신 공학 기술자 관련 자격증에 대해 알아볼까?

① **정보통신산업기사:** 정보통신산업기사가 되려면 한국방송통신전파진흥원에서 시행하는 정보통신산업기사 시험에 합격해야 한다. 정보통신산업기사는 유무선 통신 설비, 컴퓨터 네트워크, 위성 통신 시스템, 디지털 통신 등의 정보 통신 시스템 및 전송 방식을 연구, 개발하고 관련 시스템을 기초 설계하는 작업을 한다.

② **방송통신산업기사:** 2010년부터 한국방송통신전파진흥원에서 시행하고 있다. 공중파 방송, 유선 방송, 위성 방송에 이용되는 각종 방송국 설비와 전송로 설비를 설치하고 정상적인 운용을 위해 수공구와 측정기를 사용하여 전송 장비를 설치, 운용, 시험 및 점검한다. 방송 시스템에서 제작 및 가공된 방송 콘텐츠가 수신자에게 서비스(수신)되기까지 단계별로 기기들의 운용ㆍ유지 관리ㆍ시스템 구성 및 송출과 관련된 업무와 방송 통신 시스템을 설계하고 설치하는 업무를 수행한다.

③ **무선설비기사(Engineer Radio Telecommunication Equipment):** 무선기술사에서 변경된 명칭으로 무선 통신에 관한 이론 지식 또는 기술을 바탕으로 각종 무선 설비에 관한 설비와 감리, 시공 및 분석 등 기술 업무를 수행하고, 무선 설비 기술 기준 및 안전시설 기준을 통하여 전파 자원을 효율적으로 이용하게 하는 직무를 수행한다.

5. 통신 공학 기술자의 직업 전망

국내 통신 관련 산업은 지속적으로 발전해 왔으며, 초고속 인터넷망 서비스 이용자도 다른 나라에 비해 빠르게 증가하였다. 정보 통신 산업은 미래 사회의 유망 분야이므로 많은 기업체에서 컴퓨터 공학 및 정보통신공학을 전공한 전문 인력을 많이 채용할 것으로 보인다.

언제 어디서나 장소에 관계없이 컴퓨터에 접속해 정보를 얻고 통신 서비스를 즐길 수 있는 시대가 성큼 다가오면서 새로운 기술에 대한 연구 개발을 담당할 전문 인력을 많이 필요로 하고 있다. 네트워크, 와이파이 등과 같은 인터넷 서비스가 개발되었고, 블루투스 같은 무선 통신 기술과 IoT(Internet of Things)로 불리는 사물 인터넷과 같은 새로운 기술이 다른 분야와 융합되어 발전하고 있다. 방송 기술과 통신 기술이 접목된 실시간 방송과 영상 보기 등의 서비스도 보급되고 있다. 그러므로 다양한 정보 통신 기술에 대한 투자와 지속적인 기술 개발로 일자리는 계속 늘어날 것으로 보인다.

Career
Path

커리어 패스

통신 공학 기술자

통신 공학 기술자가 되기 위해서는 전문 대학 및 대학에서 통신 공학, 전기 공학, 전자 공학, 컴퓨터 공학 등을 전공하면 유리하다. 통신 이론, 광 통신, 이동 통신, 데이터 통신, 전파 관리 등의 다양한 지식과 기술을 배우기 위해 이론과 실무를 함께 준비해야 한다.

통신 서비스의 효율적 분배 등을 연구 개발하는 곳에 종사하는 기술자 중에는 산업 공학을 전공한 사람도 있다. 연구 개발 업무에 종사하기 위해서는 대학원에 진학하여 세부 영역에 대해 연구해야 한다. 정보 통신 관련 대기업 부설 연구소나 국·공립 연구소에서는 석사 학위 이상 취득자에 한해 채용하기도 한다. 국·공립 및 사설 교육 기관에서 직업 교육을 받고 진출하는 경우도 있다.

일부 기업체나 공사, 방송국 등에서 전기, 전자, 통신에 대한 전문 자격증을 요구할 수도 있다. 정보 통신산업기사, 정보통신기술사, 전파전자통신산업기사, 방송통신산업기사, 무선설비산업기사 등을 취득하면 취업에 유리하다. 공채나 특채를 통해 유·무선 통신 서비스 업체, 컴퓨터 네트워크 업체, 방송국, 정보 통신 기기 제조업체, 통신 설비 제조업체 등으로 진출할 수 있다.

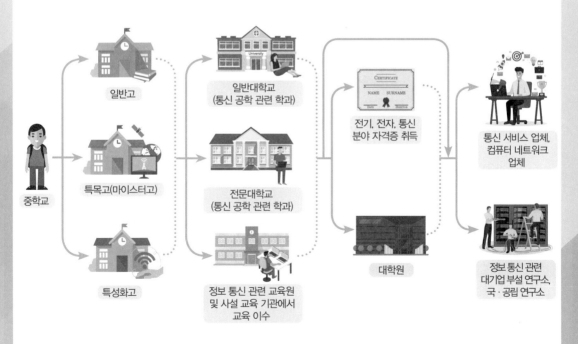

🔵 통신 공학 기술자의 커리어 패스

대학교 관련 학과 정보통신공학과

 학과 소개

유무선 통신 기술과 컴퓨터 통신 기술을
근간으로 디지털 및 아날로그 정보의 전달을
탐구하고자 하며, 정보를 효율적으로 전달하는 방법
을 배우는 학과이다. 기본 공학 교육을 강화하여 문제
해결 능력을 배양하고 산업 현장 적응력을 키우고자 한다.
정보 전송 기술, 이동 통신 기술, 컴퓨터 네트워크,
정보 보호, 네트워크 프로그래밍, 정보 통신 기기 및
통신망 기술 등에 대한 기초 지식과 실습 위주의
전문 기술을 습득하여 정보 통신 산업
분야의 유능한 인력을 양성하는
학과이다.

 진출 직업

IT 컨설턴트, 네트워크 엔지니어,
데이터 베이스 관리자, 웹 프로듀서,
전자 상거래 전문가, 통신 공학 기술자,
통신 설비 설치 및 수리원, 통신 장비 기사,
항공 교통 관제사, 정보 보안 전문가, 정보 시스템
운영자, 정보 통신 컨설턴트, 통신 회선 기사,
통신 선로 산업 기사, 시스템 소프트웨어 개발자,
응용 소프트웨어 개발자, 시스템 운영 관리자,
컴퓨터 시스템 설계 및 분석가, 응용
소프트웨어 개발자, 전자 공학 기술자,
전기 공학 기술자

 적성 및 흥미

수학, 통계, 물리 등에 대한 기본
지식과 통신, 정보 기기, 컴퓨터 소프트웨어,
컴퓨터 작동에 흥미가 있으면 좋다. 통신 기기나
최신 정보 기술의 흐름과 특징 혹은 첨단 기기의 동
작 원리 등을 이해하고 능숙하게 다룰 줄 알면 유리
하다. 문제 해결을 위한 꼼꼼한 성격과 논리적 사
고력, 과학적 응용력, 공간 시각 능력, 수리 논리
력이 필요하다. 공학 분야의 문제를 끝까지
해결하고자 하는 집중력과 열정적
인 태도가 요구된다.

★국내 자격★
정보보안산업기사, 네트워크관리사,
무선설비기사, 방송통신기사, 정보통신기사,
정보통신기술사, 전자산업기사, 반도체설계기사,
전자회로설계산업기사, 통신선로산업기사,
전파통신기사, 정보기술산업기사, 전파전자기사,
정보시스템감리사

★국제 자격★
국제공인정보시스템감사사(CISA),
국제공인정보시스템보안전문가
(CISSP)

자격 및 면허

진출 분야

★기업체★
정보 통신 기기 제조업체, 네트워크
및 통신업체, 정보 통신 서비스 업체, 금융
기관, 방송국, 정보 보안 솔루션 전문업체,
스마트 기기 전문업체

★연구소★
정보 통신 관련 국가 및 민간 연구소

★정부 및 공공 기관★
정보 통신 관련 공공 기관
전산실

IT응용시스템공학과,
e-비지니스과, ICT융합학과,
모바일커뮤니케이션공학과, 통신공학과,
스마트IT학과, IT응용공학과, 모바일콘텐츠
학부, 전자정보통신공학과, 글로컬IT학과,
모바일공학과, 모바일통신과, 위성정보
공학과, 이동통신공학과, 인터넷정보
통신학과, 전기통신공학과,
전자정보공학과

관련 학과

★동아리 활동★

컴퓨터, 수학, 과학과 관련된 동아리
활동을 통해 많은 경험을 쌓는 것이
중요하다.

★봉사 활동★

공공 기관에서 컴퓨터 업무 보조 활
동이나 교육 활동 등을 지속적으로
하는 것을 권장한다.

★독서 활동★

컴퓨터, 프로그래밍, 통신, 공학 등 전
공과 관련된 폭넓은 독서 활동을 권
장한다.

★교과 공부★

수학, 과학, 정보, 영어 등 관련 교과
실력 향상에 힘쓰고, 적극적으로 수
업에 참여하여 학업 역량을 발휘하는
것이 좋다.

★교외 활동★

정보 통신 관련 공공 기관을 방문하
거나 정보 통신 기기 제조업체 및 서
비스 업체 직업 체험 프로그램에 적
극 참여한다.

※ 정보, 수학, 과학 교과 우수상 및 컴퓨터, 수학 관
련 교내 대회에 참여하는 것이 도움이 된다.

08 투자 분석가

관련 학과
통계학과
72쪽

1. 투자 분석가의 세계

　탁월한 투자 실력과 적극적인 기부 활동으로 '투자의 귀재', '오마하의 현인'이라 불리는 워렌 버핏(Warren Buffett)은 87세가 넘는 고령에도 불구하고 여전히 현업에서 왕성한 활동을 하고 있다. 미국 버크셔 해서웨이(Berkshire Hathaway)의 최고경영자인 그는 기업의 내재 가치와 성장률에 근거하여 우량 기업 주식에 집중적으로 투자하고, 그 주식을 장기간 보유하여 오랫동안 놀랄 만한 투자 성과를 올린 가치투자자로 유명하다. 그와 점심 식사를 하면서 주식 투자에 관한 조언을 들을 수 있는 이벤트가 무려 35억 원에 낙찰될 정도로 그의 투자 비결을 듣고 싶어 하는 사람들이 많으며, 그가 주주들에게 보낸 편지는 투자자라면 꼭 읽어야 하는 필수적인 투자 조언으로 많은 사람들 사이에 널리 회자되고 있다.

그렇다면 사람들은 왜 주식 투자에 관심을 갖는 걸까? 평균 예금 금리가 10%가 넘었던 80년대에는 은행 예금만 꼬박꼬박 부어도 높은 수익률을 얻을 수 있었다. 그러나 초저금리 시대에 접어들면서, 우리나라의 현재 예금 금리는 2%가 채 되지 않으며, 이자에 붙는 세금과 물가 상승률까지 고려하면 현금을 보유하고 있는 것은 오히려 마이너스라는 분석이 많다. 그래서 사람들은 자신의 자산을 지키고, 조금이라도 수익률을 높이기 위해 주식 투자에 대해 공부하고 실제로 과감하게 투자하기도 한다.

하지만 '좋은 기업에 장기적으로 투자하라'는 조언을 실천하기란 결코 쉽지 않다. 일반인의 입장에서 무수히 많은 기업 중 어떤 기업이 좋은 기업인지 판단하기 어렵고 현재 실적을 바탕으로 미래를 전망하는 일 또한 해당 분야에 전문적인 식견과 통찰력이 있어야만 가능하기 때문이다. 국내외 경쟁사의 움직임을 비롯하여 관련 업계의 변화와 수출이나 수입에 영향을 미치는 환율의 움직임까지 투자를 실행하기 전 알아야 할 요인들은 너무도 많고 복잡하다. 이러한 이유로 기업 가치를 분석하고 미래를 예측하여 투자와 관련한 조언을 해 주는 일을 전문적으로 하는 사람들이 생겨났으며 이를 투자 분석가(애널리스트)라고 한다.

투자 분석가는 증권 회사 리서치 부서나 자산 운용사, 투자 신탁 회사 등에서 근무하며, 사람들이 돈을 어디에 투자하면 좋을지 분석하여 리포트를 쓰는 금융 전문가이다. 특정 전공보다는 본인이 분석하는 산업 분야와 금융 시장에 대한 이해가 중요하다. 투자 분석가는 상장사의 사업, 실적, 주변 산업과 경기 예측 등을 통해 현재 주가가 기업의 내재 가치를 얼마나 잘 반영하고 있는지 판단하고 향후 주가를 예측한다. 기업 가치에 대한 분석을 바탕으로 주가가 오르거나 내릴 근거를 제시하는 사람이라고 생각하면 된다.

> 일정한 자격이나 조건을 갖추어 발행 주식이 증권 시장에 등록되어 있는 회사

그것이 알고싶다 펀드 매니저는 무슨 일을 할까?

투자 분석가의 기업 분석을 바탕으로 펀드 매니저(Fund Manager)는 자금 사정의 변화 및 주식 시장의 변동에 따라 포트폴리오를 조합하여 최대 이익을 얻도록 투자 계획을 세우는 일을 하며 투자 신탁 회사, 은행, 보험사, 투자 자문사 등에서 자산 운영을 담당한다.

펀드 매니저는 고객의 돈을 모아서 고객이 가진 자산의 특징에 맞추어 효율적인 투자 계획을 세우고 여러 금융 자산에 투자함으로써 최대한의 투자 수익을 올릴 수 있도록 정보를 제공하는 역할을 하기 때문에 금융 자산 운용가로 부르기도 한다.

2. 투자 분석가가 하는 일

투자 분석가는 자신의 회사 또는 회사 고객에게 금융 및 투자 자문에 대한 전문적인 의견을 제공하기 위해 그와 관련된 금융 시장 정보를 정확하게 수집하고 분석하는 작업을 수행한다.

종목별 또는 상품별 매매가와 거래량 등의 변화 상태와 매매되거나 거래되는 상황을 분석하여 주식 및 파생 상품의 투자 전략을 수립한다.

매일의 주식 거래량, 회사 재무제표 등을 이용하여 회사, 주식, 채권 및 기타 투자에 대한 금융 시장 정보를 수집·분석한다.

국내외 경제 상황 및 산업·기업별 정보를 수집하여 분석하고, 저평가된 기업의 적정 주가를 다양한 평가 방법으로 재산정한다.

담당 기업의 주가 평가와 관련한 보고서를 낸다. 일반적으로 해당 기업의 실적·사업 전망 등을 근거로 자신이 생각하는 향후 적정 주가(목표 주가)를 제시한다. 현재 주가 수준으로 봤을 때 해당 주식을 더 사야 하는지(매수), 보유한 채 상황을 지켜봐야 하는지(중립), 팔아야 하는지(매도) 조언한다.

당해 증권의 안전성, 수익성, 유동성을 분석하고 고객, 연금 펀드 관리자, 증권 중개인 및 협회에 투자 자문 및 권고안을 제공한다.

경제 흐름이나 산업별 동향을 분석하고 기업의 투자 방향성을 판단하여 소속 금융사 또는 일반 투자자에게 금융 및 투자 자문을 제공한다.

투자 분석가는 자신이 열심히 수집하여 분석한 정보가 다른 사람에게 도움을 주고 투자 수익을 가져다 줄 때 보람과 자부심을 느끼며, 본인 역량에 따라 고액의 연봉과 성과급을 받을 수 있다.

그러나 주식 시장의 불확실성과 급격한 변동으로 항상 긴장 상태가 유지되므로 정신적 스트레스가 매우 크고 업무량이 많아 피로도가 매우 높다. 본인의 정보가 틀렸거나 예측이 잘못된 경우 투자자들에게 신뢰를 잃고 스스로 좌절감을 느껴 힘든 경우도 있다. 정보 기술을 기반으로 한 새로운 형태의 금융 기술인 핀테크가 활성화되고 빅데이터를 통한 정보 분석이 가능해짐에 따라 새로운 분석 기술을 끊임없이 공부하고 새로운 역량을 갖추어야 하는 부담이 있다.

3. 투자 분석가에게 필요한 능력

투자 분석가는 증권 관련 수치 자료를 정확하게 계산할 수 있는 수리 능력과 통계학적 분석력을 바탕으로 경제 흐름을 파악할 수 있어야 한다. 다양한 금융 정보 자료를 바탕으로 분석된 정보를 논리적으로 작성하고, 조리있게 발표할 수 있는 언어 능력이 필요하다. 증권 시장의 역동적인 변화에 대처할 수 있는 균형 감각과 상황에 대한 판단력, 결단력, 순발력을 갖추어야 한다.

최근에는 외국 문헌 분석과 영문 분석 자료 작성, 영어 발표, 해외 투자자와의 소통 등으로 외국어를 사용하는 일이 많으므로 외국어 실력을 갖추면 유리하다. 꼼꼼하고 합리적인 태도를 갖춘 사람에게 적합하며 투자자를 설득할 수 있는 능력과 신뢰감을 줄 수 있는 원만한 대인관계 능력이 필요하다. 자신을 믿고 자금 운용을 맡긴 투자자의 수익을 위해 정확한 정보를 제공할 사회적 책임감과 개인적인 욕심을 통제할 수 있는 도덕성을 갖추어야 한다.

4. 투자 분석가와 관련된 학과 및 자격증

- **관련 학과:** 경영학과, 경제학과, 금융보험학과, 세무학과, 통계학과, 회계학과, 국제경영학과, 경영회계학과 등
- **관련 자격:** 투자자산운용사, 증권분석사, 국제공인재무분석사(CFA), 투자상담사, 펀드투자권유대행인, 펀드투자권유자문인력, 집합투자자산운용사(RFM) 등

그것이 알고싶다 투자 분석가 관련 자격증에 대해 알아볼까?

① **국제투자분석사(K-CIIA: Korea Certified International Investment Analyst):** 한국 증권분석사회에서 시행하며 기존의 '증권분석사(CIA)' 시험의 새로운 이름이다. 금융 투자와 관련한 다양한 정보를 바탕으로 전문적인 기업 가치의 분석 및 평가를 통해 유용한 투자 정보를 제공하고 금융·증권·보험·기업 등의 조사 분석 인력(애널리스트), 투자 관리 인력(포트폴리오 매니저 등), 투자 설계 및 인수 합병(M&A) 등의 일을 한다.

② **국제공인재무분석사(CFA: Chartered Financial Analyst):** 재무 분석에 대한 시험으로, 이 분야에서 전 세계적으로 가장 인정받고 있는 자격증 중 하나이다. 문제 출제 및 자격증 부여는 미국 버지니아 주에 있는 CFA Institute에서 주관하고 있다.

CFA는 전 세계적으로 주식 및 채권 분야의 애널리스트, 펀드 매니저, 외환 딜러, 브로커(주식, 선물, 옵션) 등의 증권 금융 관련 계통의 전문가로 활동하거나 일반 기업체의 신규 사업에 대한 경제성 평가 및 재무 기획 등 재무·기획 관리 전문가 등으로 종사하고 있다.

5. 투자 분석가의 직업 전망

우리 사회가 저출산, 고령화 사회로 진입하면서 생산 가능 인구가 감소하고, 경제 활동 참가율이 떨어지면서 장기적인 경제 불황과 저금리 상황이 계속되고 있다. 이로 인한 투자 감소로 증권사의 이익이 적어지면서 금융권의 구조 조정 등의 여파로 투자 분석가의 고용이 불안정해질 수 있다. 투자 분석가는 실제로 경기 흐름에 영향을 많이 받는 직종이라고 할 수 있다.

그러나 이러한 상황에서도 안정적으로 수익을 창출하는 분야를 찾아내는 실력 있는 투자 분석가라면 어디서든 환영받을 수 있을 것이다. 또한 기존의 전통적인 투자 상품 이외에 원유, 금, 광물 자원 등 다양한 대체 투자에 대한 관심이 높아지면서 새로운 투자처를 분석할 인력 수요가 발생할 가능성도 있다.

경제 상황이 나아질수록 연금, 저축, 펀드 등 금융 자산의 규모가 커지고 자본 시장이 성장할수록 자산 운용에 대한 조언을 해 줄 투자 분석가를 필요로 할 것이다. 기존 산업이 세분화되고, IT나 제약 등 투자 분석가의 산업별 분석 영역도 확대될 전망이므로 이러한 요소들은 투자 분석가의 일자리에 긍정적 영향을 미칠 것으로 보인다.

투자 분석가

투자 분석가가 되기 위해서는 대학교에서 경영학, 경제학, 회계학, 금융학, 통계학 등의 관련 학과를 전공하여 재무 관리, 투자론, 파생 상품론, 재무제표 분석론, 회계학, 통계학, 경제학, 국제 경제학 등의 전문 지식을 갖추고 있으면 유리하다. 일부 금융 기관에서는 경영, 경제 분야의 석사 이상 학위나 경영대학원(MBA) 과정 수료를 요구하는 곳도 있다. 대학원에서 국제 경영학, 경영 회계학, 국제 경제학, 재무 금융학을 전공하여 다양한 금융 정보를 분석할 수 있는 능력을 갖추고, 증권회사나 일반 기업에서 금융 및 투자에 대한 실무 능력을 갖추면 업무에 도움이 된다.

최근 들어 산업별 분석에 정보 통신, 생명 공학 등 이공 계열 전문 지식도 요구되고 있어서 이공 계열 전공자도 진출하고 있다. 이공 계열 전공자의 경우 대학원에서 경영, 경제 등의 분야를 함께 전공하여 업무에 필요한 재무, 회계, 경제적 지식을 보완하기도 한다. 투자 분석 업무를 수행하기 위해서는 자신이 담당하는 업종에 대한 해박한 이해가 필수적이므로 해당 업계에서 오랜 경력을 쌓은 후 투자 분석가로 입문하는 경우도 있다.

투자 관련 자격증을 취득하면 취업 시 유리하지만 자격증 소지보다 실제로 증권, 펀드, 파생 상품, 투자 자산 등에 관한 폭넓은 지식과 자료 수집 능력, 분석력을 갖추는 것이 더 중요하다. 투자 분석가로 진출하기 위해서는 금융 기관에 입사해야 하며 특히 투자 신탁 회사에 입사하는 것이 가장 빠른 길이다. 증권사, 보험 회사, 투자 자문 회사, 자산 운용사, 은행, 경제 연구소 등으로 진출하기도 한다.

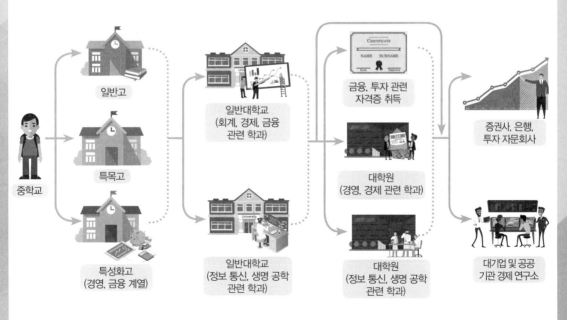

△ 투자 분석가의 커리어 패스

대학교 관련 학과 통계학과

학과 소개

통계학이란 응용 수학의 한 분야로
과학적 논리의 기초 위에 자료 조사 방법
을 개발하고 수집된 자료를 분석하는 기법을
연구하는 의사 결정 과학이다.
통계학과에서는 정보화 사회에서 요구하는
각종 정보화 분석 방법을 배우고 통계적인
사고방식을 통해 분석력 및 비판력을
동시에 갖춘 통계 전문가를 양성하는
것을 목표로 삼고 있다.

진출 직업

투자 분석가, 경영 기획 사무원,
보험 관리자, 보험 사무원, 보험 인수
심사원, 수학 및 통계 연구원, 시장 및
여론 조사 전문가, 통계 사무원, 통계학과
교수, 증권 회사/화재보험/손해보험/
은행 등의 신용 평가사, 보험
계리사, 리스크 관리자

적성 및 흥미

기본적으로 수학적 마인드를 갖고,
정보를 꼼꼼하게 분석하는 능력이 있으면
유리하다. 사회, 경제, 자연 및 인간 생활에
관심을 갖고 그와 관련된 여러 현상을 분석하는
것을 즐기면 좋다.
컴퓨터를 활용한 통계 분석 기법이 많이 사용되기
때문에 컴퓨터 활용 능력과 프로그래밍 언어,
운영 체제, 네트워크에 대한 공부를 끈기
있게 할 수 있는 집중력과
논리력이 필요하다.

관련 학과

금융정보통계학과, 데이터경영
학과, 데이터과학과, 데이터정보학과,
물류통계정보학과, 비즈니스통계학과,
수학통계학부, 응용정보통계학과, 응용통
계학과, 전산통계학과, 정보통계 · 보험
수리학과, 정보통계학과, 컴퓨터
통계학과

자격 및 면허

★국내 자격★
보험계리사, 사회조사분석사, 손해사정사,
정보처리기사, 품질경영기사, 전자상거래
운용사, 측량및지형공간정보산업기사,
교통기사

★국제 자격★
공인대안투자분석사(CAIA),
국제공인재무분석사(CFA)

★기업체★
보험회사, 증권회사, 은행, 여론 및
마케팅 조사 업체, 신용 정보 회사,
각 기업체의 고객 정보 관련 부서

★연구소★
통계 관련 연구소

★정부 및 공공 기관★
고용노동부, 국세청, 통계청

★동아리 활동★
경제 관련 신문 읽기, 기업 분석과 관련된 동아리 활동을 통해 많은 경험을 쌓는 것이 중요하다.

★봉사 활동★
공공 기관, 사회 복지 시설 등에서 지속적인 봉사 활동을 하기를 권장한다.

★독서 활동★
경영, 경제, 정보, 통계, 확률, 과학, 사회 등 전공과 관련된 폭넓은 독서 활동을 권장한다.

★교과 공부★
국어, 수학(통계), 과학, 영어, 사회, 경제 등 관련 교과 실력 향상에 힘쓰고, 적극적으로 수업에 참여하여 학업 역량을 발휘하는 것이 좋다.

★교외 활동★
금융 투자 관련 기관을 방문하거나 통계 조사 업체 등에서 직업 체험 프로그램에 적극 참여한다.

※ 수학, 경제 교과 우수상이나 컴퓨터, 수학 관련 교내 대회에 참여하는 것이 도움이 된다.

09 항공 교통 관제사

관련 학과
교통공학과
80쪽

1. 항공 교통 관제사의 세계

교통사고나 차량의 과도한 집중 등으로 도로가 막히면 교통경찰이 개입하여 차량을 비교적 한산한 도로로 분산시켜 교통 체증을 해소하고 교통사고의 위험을 방지한다. 이와 마찬가지로 하늘에서도 항공기의 충돌을 예방하고 항공 교통의 흐름을 원활히 조절하며 조종사에게 정보를 제공하는 일을 하는 사람이 있는데 바로 항공 교통 관제사이다. 항공 교통 관제(ATC: Air Traffic Control)란 비행 중인 항공기와 지속적인 교신을 통해 항공기의 이착륙 등을 통제하여 항공기 간의 충돌을 막고 안전한 비행을 유도하는 업무를 말하며, 항공 교통 센터(ACC: Area Control Cenrer)에서 그 전체적인 업무를 맡고 있다.

해외여행이 활성화되고 나라 간 무역이 활발해지면서 매년 여객기 운항과 항공 운송량이 급증하고 있어 항공기의 이륙부터 착륙까지 항공기의 안전한 운항을 안내하는 항공 교통 관제사의 역할이 더욱 커지고 있다.

평면의 좁은 도로도 아니고 광활한 하늘에서 비행기가 서로 충돌할 가능성이 얼마나 될까 하고 의구심을 가질 수도 있겠지만, 실제로 항공 교통 통제 시스템의 미흡함과 관제사의 관제 실수가 중대한 원인으로 작용하여 항공기 충돌 사고가 발생한 적이 있었다. 2002년 7월 1일 독일 위버링겐 상공에서 바시키르 항공 여객기 2937편(러시아 모스크바에서 출발해 바르셀로나로 가던 중)과 DHL 화물기 611편(바레인에서 출발해 기착지인 이탈리아 베르가모에서 이륙해 브뤼셀로 가던 중)이 수직으로 충돌하는 사고가 발생하였으며, 이 사고로 2937편의 69명과 611편의 2명을 포함하여 탑승자 71명 전원이 사망하였다.

당시 두 비행기는 독일 상공에 떠 있었지만 관제는 스위스 관제를 담당했던 민간 회사 스카이 가이드에서 맡고 있었다. 스카이 가이드는 인건비 절감을 위해 규정을 어기고 2명의 관제사만을 배치했고, 이 중 한 명은 밤이라는 이유로 그나마도 자리를 비운 상태였다. 사고 당일 밤 관제사 페터 닐센(Peter Nielsen)은 혼자서 양쪽 스테이션을 오가며 관제 업무를 해야 했다.

하지만 그가 아무리 혼자서 센터(지역 관제: Area Control Service)와 어프로치(접근 관제: Approach Control Service)를 둘 다 맡고 있었다 하더라도 그 둘을 합쳐도 당시 관제 공역에 있던 항공기는 단 3대, 바시키르 항공 2937편과 DHL 611편과 그리고 에어로 로이드 1137편뿐이었다. 그는 공항으로 접근 중이던 에어로 로이드 1137편의 착륙 유도에 지나치게 매달린 나머지 항로 관제 모니터에는 제대로 신경 쓰지 못했으며, 나머지 두 비행기가 같은 고도로 날고 있다는 사실을 매우 늦게서야 알게 된다. 그가 이 상황을 인식하기 전 공중 충돌 방지 장치(TCAS: Traffic Collision Avoidance System)는 이것을 먼저 알아차리고 경보와 함께 2937편에는 고도 상승 지시를, DHL기에는 고도 하강 지시를 내린다. 그러나 관제사의 지시를 우선시했던 문화와 매뉴얼을 가진 2937편의 러시아 조종사들은 상승하라는 TCAS 지시를 무시하고 하강을 강행하기 시작했으며, 설상가상으로 TCAS에서 발령한 경고를 전혀 모르고 있었던 닐센은 하강하는 2937편에 하강 지시를 반복하여 조종사에게 잘못된 정보를 준다. 그 결과 두 비행기는 모두 하강하였고 34,890피트(10,630m) 고도에서 충돌하고 만다.

물론 보다 복잡한 문제와 상황이 얽혀 있어 그에게만 사고의 책임을 물을 수 없고 그

역시 희생양이라는 시각도 있으나, 1137편의 접근 관제 하나 때문에 두 사고기를 전혀 모니터링하지 못한 것, 두 비행기가 같은 고도를 날고 있었음에도 불구하고 2937편에만 고도 하강하라는 지시, 교신을 하고 DHL기의 상황은 전혀 묻지 않고 자리를 떠난 것은 관제사의 명백한 실책이라는 의견이 대부분이다.

이 사고는 항공 교통 관제 시스템을 올바르게 운용하는 것이 얼마나 중요한지 일깨워 주었으며, 이 사고를 계기로 관제사의 지시와 TCAS의 지시가 서로 다를 경우 TCAS를 우선해야 한다는 규정이 만들어졌다.

그것이 알고싶다 공중 충돌 방지 장치란 무엇일까?

공중 충돌 방지 장치(TCAS: Traffic Collision Avoidance System)란 항공기의 공중 충돌을 방지하기 위해 지상 항공 관제 시스템과는 독립적으로 항공기 주위를 트랜스폰더를 통해 감시하여 알려 주는 충돌 방지 시스템을 말한다. 국제민간항공기구(ICAO)에서는 5,700kg 이상 또는 객석 수 19석 이상의 모든 항공기에 TCAS를 장착하도록 의무화하였다.

모든 조종사는 TCAS 경보를 실제 경보로 간주하고 즉시 대응하라고 교육받는다.

2. 항공 교통 관제사가 하는 일

항공 교통 관제사는 항공기가 승객을 탑승시켜 출발지 공항에서 목적지 공항까지 운항하는 전 비행 구간 동안 항공기 충돌 방지, 장애물 충돌 방지, 항공 교통 흐름 조절 등의 업무를 한다.

관제탑에서 항공기의 이륙 및 착륙 신고서를 확인하고 활주로 및 공항 주변의 기상 상태를 점검한다.

해당 항공기의 이륙 및 착륙 활주로, 예정 시간, 순서 등을 배정하여 유도하고 이륙 및 착륙을 허가한다.

이륙 및 착륙하고자 하는 항공기 조종사와 항공기의 목적지, 항공기 상태, 연료가 남아 있는 정도 등에 대해 교신한다.

접근 관제소에서 운항 중인 항공기의 위치와 고도 등을 확인하고 항로의 상태를 파악하여 고도의 상승 및 강하 수준을 지시한다.

항공 교통 관제사

비상상황 발생 시 관련 기관에 연락을 취하고 비상 착륙 방법 및 비상 활주로에 대해 안내한다.

항공 교통 관제사는 항공기가 안전하고 원활하게 이륙 · 착륙 · 운항할 수 있도록 항공 교통의 흐름을 지휘하는 일을 담당한다. 항공기가 이륙하거나 착륙할 때 조종사에게 바람의 방향, 속도, 가시거리, 구름 상태 등 각종 기상 정보를 제공하고, 사용할 공항의 활주로, 다른 비행기의 출입, 지상 장애물의 위치 등의 자료를 제공하기도 한다. 지상이나 활주로에 있는 비행기, 비행 중인 비행기 등 공항을 이용하는 모든 항공기의 이 · 착륙 순서, 시기, 방법을 정하고 지시하는 게 주된 일이다.

그것이 알고 싶다 항공 교통 업무를 분류해 볼까?

항공 교통 센터는 비행 정보 구역 내에서 운항하는 모든 항공기의 안전 운항을 위해 비행 정보 업무, 항공 교통 관제 업무, 조난 항공기에 대한 경보 업무를 제공하고 있으며 이를 위해 관계 기관과 협조 체제를 유지하고 있다. 관제 기관별 주요 업무는 다음과 같다.

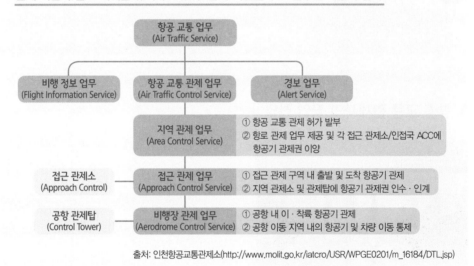

출처: 인천항공교통관제소(http://www.molit.go.kr/iatcro/USR/WPGE0201/m_16184/DTL.jsp)

3. 항공 교통 관제사에게 필요한 능력

날씨나 통행량에 따라 구역 내 비행기에게 적정한 속도와 고도를 정해 주고 효율적인 동선으로 안내하려면 무엇보다 공간 감각 능력이 뛰어나야 한다. 항공기가 다른 항공기와 근접하는 위험한 상황에서는 짧은 시간 안에 최적의 판단을 내려야 하므로, 고도의 집중력과 냉철한 판단력이 필요하다. 또한 관제 분야의 기본 언어는 영어이므로 영어를 자유롭게 구사할 줄 알아야 한다. 관제사가 조종사나 외국 관제 기관과 원활하게 소통하지 않으면 사고가 날 수 있으므로 영어 회화 능력은 관제사에게 꼭 필요한 능력이라 할 수 있다. 작은 실수가 항공 사고로 연결되어 인명 피해를 유발할 수 있기 때문에 책임감이 필요하고, 항공 통신 장비 및 각종 첨단 장비를 사용하므로 기계 장비에 대한 흥미도 있어야 한다.

항공 교통 관제사는 협동심, 자기통제 능력, 스트레스를 감내할 수 있는 성격을 가진 사람에게 유리한 직업이다. 시시각각으로 변하는 기상 상황에 즉각적으로 대응해야 하므로 순간적으로 상황을 정확히 파악하고 신속하게 판단할 수 있는 능력이 매우 중요하므로 평소 이러한 능력을 키워 나갈 수 있도록 해야 한다.

4. 항공 교통 관제사와 관련된 학과 및 자격증

- **관련 학과:** 교통공학과, 항공교통학과, 항공우주공학과, 컴퓨터공학과, 정보통신과, 정보통신공학과, 기계과, 기계공학과 등
- **관련 자격:** 항공교통관제사

5. 항공 교통 관제사의 직업 전망

교통 · 통신 수단의 발달로 국제 교류가 일상생활이 되었고 더불어 항공 산업의 발전이 비약적으로 이뤄지고 있다. '세계 항공 시장 전망보고서'에 따르면 항공시장 규모가 빠르게 성장할 것으로 보인다.

우리나라의 항공 교통량도 해마다 늘어나고 있는데 국내선보다 국제선의 비중이 훨씬 더 많으며 여객 수도 늘어나고 있다. 이러한 항공 교통량의 증가에 걸맞게 우리나라는 세계 최고 수준의 인천공항을 운영하고 있으며 최근에는 제주, 양양, 무안, 여수 등과 같은 지방 공항도 빠른 속도로 활성화되고 있다.

현재 우리나라에는 15개의 공항이 있는데 하루 평균 1,715대의 항공기가 이를 이용하고 있으니 하늘의 교통도 지상 못지않게 복잡해졌다. 따라서 항공기 안전사고에 대한 대처도 보다 과학적이고 효율적으로 이루어져야 할 필요성이 어느 때보다 절실해졌으며 항공 교통 관제사의 역할이 무엇보다 중요해지고 있는 실정이므로 앞으로의 전망은 밝다고 볼 수 있다.

항공 교통 관제사

　　항공 교통 관제사가 되기 위해서는 전문 대학 이상의 교육 기관에서 관련 학과를 전공하면 유리하며, 국토교통부 지정 전문 교육 기관 등에서 교육과 훈련을 받을 수도 있다. 국토교통부에서 지정한 전문 교육 기관으로는 한국항공대학교 항공교통관제교육원(경기도 수색), 한서대학교 항공교통관제교육원(충남 태안), 한국공항공사 항공기술훈련원(충북 청주), 공군교육사령부 항공교통관제사교육원(경남 진주)이 있다. 교육과 실습이 구분되어 있으며, 소정의 과정을 이수하면 항공 교통 관제사 시험에 응시할 수 있는 자격이 주어진다.

　　국내 항공 교통 관제사로 근무하는 사람들은 거의 대부분 국토교통부 소속 국가 공무원이며(인천국제공항공사 소속 계류장 관제사 제외), 국가에서 채용을 해야 항공 교통 관제사로 근무할 수 있다. 현재 채용시험 전에 반드시 국가에서 발행하는 항공 교통 관제사 자격증과 항공영어구술능력증명(EPTA) 4등급 이상의 자격을 취득해야만 응시가 가능하다. 이런 자격을 갖춘 뒤 항공직렬(관제직류) 시험을 거쳐야 하며 시험에 통과하면 8급 공무원으로 채용된다.

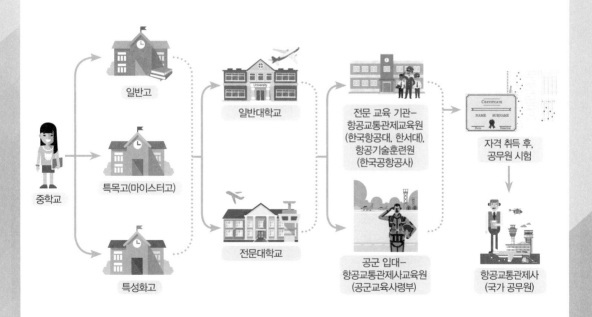

🔵 항공 교통 관제사의 커리어 패스

대학교 관련 학과

교통공학과

학과 소개

교통공학과는 이동 수단으로 인해
발생하는 교통사고 문제와 도로, 환경,
안전 등의 문제점을 해결하기 위해 다양한
교통 이론에 대해 공부하는 곳이다.
교통공학 전공은 교통 시설 개발, 교통 운영과 설계,
정책 결정 및 계획, 교통 안전, 첨단 교통 체계 물류,
철도 · 대중교통 분야의 연구와 교육을 하며 그 중
교통공학과는 효율적인 도로 시스템과 질서
있는 교통 체계를 만들 수 있는 교통
전문가를 양성하고 있다.

진출 직업

교통 교육 및 훈련 사무원,
교통 안전 연구원, 도로 운송 사무원,
건설교통부, 교통안전공단,
한국공항공사, 인천국제공항공사의
연구원, 대한항공, 아시아나항공,
기타 국내 · 외 항공사 및 여행사,
항공 교통 관련 연구원

적성 및 흥미

평소 학교에 가거나 여행을 할 때
지하철이나 자동차 등을 이용하면서
우리나라의 도로나 교통 시스템에 대한
관심과 호기심을 가졌던 경험이 있는 학생에게
추천할 만하다. 교통 문제를 해결하는 것을
연구하는 학과이므로 사물을 거시적으로
볼 줄 알고, 문제를 이성적으로 판단
하고 해결할 수 있는 능력을
갖추어야 한다.

★자격 및 면허★

교통산업기사/기사,
교통안전관리자,
지적산업기사/기사,
감정평가사

★진출 분야★

★기업체★
교통 시스템 관련 업체, 국토 계획
교통 관련 엔지니어링, 설계 전문업체

★연구소★
교통 · 건설 관련 국가 연구소 및
민간 연구소

★정부 및 공공 기관★
교통직 공무원

지상교통공학과,
교통사회시스템공학과,
도시및교통공학전공,
항공교통학과

★관련 학과★

★동아리 활동★

항공 관련 용어 분석 및 외국어 관련
동아리 활동을 하는 것을 권장한다.

★봉사 활동★

교문 지도 및 교통안전 관리와 관련
된 분야에서 봉사 활동을 해 보는 것
을 추천한다.

★독서 활동★

다양한 분야의 독서 활동을 추천한다.

★교과 공부★

수학, 외국어 과목을 중요하게 공부
하는 것을 권장한다.

★교외 활동★

비행 체험 활동이나 항공 관련 특강
을 찾아 들어보는 것, 관제탑 견학 등
의 활동을 추천한다.

※ 수학, 영어 교과 우수상 및 관련 프로젝트나 공모
에 참여하는 것이 도움이 된다.

10 헤드헌터

관련 학과
사회학과
88쪽

1. 헤드헌터의 세계

예전에는 직업 안정성이 보장되어 한번 직장에 들어가면 특별한 일이 벌어지지 않는한 대부분 정년까지 채울 수 있었다. 그러나 지금은 직업을 둘러싼 사회 경제 환경이 급속히 변화하여 한 사람이 평생 동안 성격이 다른 여러 개의 직업을 갖는 시대가 되었다. 또한 새로운 기술이 날로 개발됨에 따라 기존 직업이 사라지고 이전에는 없던 새로운 직업이 생겨나고 있으며, 이로 인해 실직과 이직이 매우 빈번하게 일어나고 있다.

이러한 흐름 속에서 개인은 자신의 경력을 잘 관리하고 변화의 흐름을 읽어내 미래를 대비해야 할 필요성이 생겨났고, 기업은 첨단 기술과 지식에 능통하고 시대를 선도할수 있는 맞춤형 인재를 얻기 위해 노력을 기울이기 시작했다. 이제 막 대학을 졸업한 청년이나 갑자기 직장을 잃게 된 40~50대 구직자들은 질 좋은 일자리를 구하는 것이 하늘의 별 따기라며 한숨을 쉬곤 한다. 하지만 다른 한편으로 기업에서는 해당 업무에 꼭 알맞은 뛰어난 능력과 자질을 갖춘 인재를 찾기가 매우 어렵다고 호소한다. 기업에서 필요로 하는 인재와 구직자의 능력 사이에 충족되지 못한 간격이 존재하는 것이다. 이 같은 간격을 메우고 기업의 채용을 돕기 위한 인사와 채용의 전문가가 바로 헤드헌터이다.

헤드헌터(Head Hunter)란 기업의 의뢰를 받고, 기업에서 작성한 직무설명서를 충족하는 인재를 찾아 그 사람에 대한 평가, 관리 등의 과정을 거쳐 기업에 추천하는 전문가를 말한다. 헤드헌터란 용어는 아주 먼 옛날 원시 부족 간의 싸움에서 상대 부족을 죽이고 머리를 잘라오는 머리사냥(Head Hunting)에서 유래하였다. 헤드헌터들이 모여 함께 일하는 회사를 서치펌이라고 한다.

↳ Search Firm: 인재를 서칭하는 회사란 뜻으로 헤드헌터 업체를 달리 부르는 말

우리나라에서 헤드헌터는 1990~2000년대 초반 외국계 회사의 임원(중역)이나 첨단 기술 과학자 등을 위주로 제한적으로 활동하였다. 하지만 최근에는 다양한 직종과 직위의 경력 사원들을 그들이 원하는 직장에 추천, 연결시켜 주거나 파견 · 계약직 리크루팅

인원 채용 활동 또는 구인 활동 ↵

업무도 담당하는 등 헤드헌터의 업무 영역이 넓어지고 있는 추세이다. 또한 기업에서 먼저 필요한 인재를 찾아줄 것을 의뢰하고 그 비용 또한 기업에서 지불하는 것이 통상적이나, 구직자가 자발적으로 헤드헌터에게 자신의 이력서를 보내 적합한 기업에 연결해 주기를 원하는 경우도 있다.

그것이 알고싶다 헤드헌터를 활용하는 기업은 얼마나 될까?

수시 채용의 확대와 경력직의 이동이 활발해지는 채용 시장의 변화 속에서 기업 10곳 중 3곳은 인재 채용을 위해 '헤드헌터'를 활용하는 것으로 나타났다. 구인구직 매칭 플랫폼 사람인 (www.saramin.co.kr)이 기업 458개 사를 대상으로 '헤드헌터 활용 현황'에 대해 조사한 결과(2018년 12월 발표)에 따르면 응답 기업의 28.2%는 인재 채용을 위해 헤드헌터를 이용하고 있었다. 이들이 헤드헌팅 회사를 활용하는 이유는 다음과 같았다.

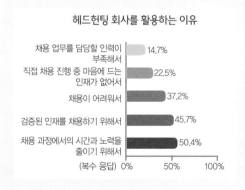

헤드헌팅 회사를 활용하는 이유

- 채용 업무를 담당할 인력이 부족해서 14.7%
- 직접 채용 진행 중 마음에 드는 인재가 없어서 22.5%
- 채용이 어려워서 37.2%
- 검증된 인재를 채용하기 위해서 45.7%
- 채용 과정에서의 시간과 노력을 줄이기 위해서 50.4%

(복수 응답) 0%   50%   100%

헤드헌터를 활용해 채용을 많이 하는 직급은 '과장급'(44.2%, 복수 응답)이 가장 많았고, 이어 '사원급'(40.3%), '차장급'(31.8%), '부장급'(20.2%), '임원급 이상'(15.5%) 등의 순이었다.

출처: 기업 10곳 중 3곳 헤드헌터 활용, '과장급 러브콜 많이 한다', 사람인 자료통 취업뉴스,
(http://www.saramin.co.kr/zf_user/help/live/view?idx=95453&listType=news&category=10&keyword=
%ED%97%A4%EB%93%9C%ED%97%8C%ED%84%B0&menu=1&page=1)

2. 헤드헌터가 하는 일

헤드헌터의 업무는 기업이 제시한 직무설명서
의 내용을 명확하게 이해하는 데서 시작된다. 직무
설명서는 매우 구체적이고 상세하며 전문적인 내
용으로 작성되기 때문에 해당 분야의 경력이 있는
전문가가 아니면 이를 올바르게 이해하기가 쉽지
않다. 그러므로 정보 기술(IT)이나 금융처럼 특화
된 업종의 전문 헤드헌터가 되기 위해서는 해당 업
종에 대한 폭넓은 지식을 갖출 필요가 있다.

직무설명서의 내용을 충분히 파악했다면 이에 적합한 후보자를 '사람인'이나 '잡코리
아'와 같은 채용 사이트나 각 헤드헌터 혹은 서치펌이 가지고 있는 내부 데이터베이스에
서 찾아야 한다. 이 과정을 리서치라고 하며 좋은 인재를 찾기 위해서는 평소 많은 사람
들을 만나고 적극적으로 인재를 발굴하여 데이터베이스로 만드는 작업을 부지런히 해
두어야 한다. 분야별로 일목요연하게 정리한 인재풀은 헤드헌터가 인재를 찾고, 선택하
는 과정에서 없어서는 안 될 자산이라 할 수 있다.

리서처를 통해 후보자를 찾은 후에는 후보자에게 접촉하여 스카우트를 제의한다. 후
보자가 스카우트를 받아들이면 기업에 추천하고, 그 후보자에 대한 사후 관리도 진행한
다. 후보자를 먼저 만나 사전 면접을 하거나 이력서를 검토하여 수정을 도와주기도 한다.
더불어 추천한 뒤에 전형 합격 여부를 후보자에게 전달하고, 인재를 의뢰한 업체에서 긍
정적인 반응을 보인다면 연봉이나 근무 조건 등을 조정하는 역할을 담당하기도 한다.

의뢰업체를 방문하여 요구하는 인
재의 능력, 성격, 경력, 제시 연봉
등을 파악한다.

후보자를 대상으로 업무 수행 능력
과 인성을 중심으로 인터뷰한다.

의뢰업체의 비전, 조직 구조, 조직
문화, 경력 경로 등을 파악한다.

후보자 중 추천할 사람을 선정하여
대상자의 경력, 학력, 인성, 전직
이유, 희망 연봉 등을 기술하여 의
뢰업체에 송부한다.

기존 자료나 인재 탐색을 통해 의
뢰업체에서 요구하는 인재와 부합
하는 인재를 몇 배수 선발한다.

헤드헌터

의뢰업체에서 긍정적인 반응을 보
인 후보자와 연봉 등을 협상하고
조정한다.

대상자와 접촉하여 스카우트 제의를 표시한다.

3. 헤드헌터에게 필요한 능력

헤드헌터는 금융, 건설, 서비스, 자동차, IT, 반도체, 전자 등 자신이 일했던 분야에 대한 실무 경험을 바탕으로 그에 적합한 인재를 찾아 기업에 소개하는 경우가 많다. 그러므로 산업과 직무에 대한 이해도와 전문성을 높이는 것이 중요하다. 대부분 특정 분야에서 어느 정도 경력을 쌓은 후에 진출하는 경우가 많다. 물론 여러 산업 분야를 다루는 헤드헌터도 있기는 하지만, 자신만의 특화된 분야가 있으면 업계에서 좀 더 빠르고 견고하게 입지를 다질 수 있다.

사람을 대하는 세련된 매너와 외국어를 익혀 두면 좋다. 외국계 기업이 늘어나고 있고, 국내 기업 또한 국적을 초월하여 다양한 인재를 원하고 있기 때문에 영어 구사 능력은 필수적이다. 이 밖에도 적절한 인력을 관리할 수 있는 능력과 협상 능력, 설득력과 다양한 사람들과 업무를 수행하기 위해 필요한 대인관계 능력과 배려심이 요구된다. 자기 통제 능력과 시간 관리 능력, 강인한 도전의식과 승부욕 등 적극적인 실행력이 필요하다. 사람이 가지고 있는 능력이나 인성, 품성 등을 꿰뚫어 볼 수 있는 안목과 통찰력도 갖추면 좋을 것이다.

4. 헤드헌터와 관련된 학과 및 자격증

- **관련 학과:** 경영학과, 국제학과, 사회학과, 신문방송학과, 정치외교학과 등
- **관련 자격:** 직업상담사

🤖 그것이 알고 싶다 커리어 코치와 직업 상담사에 대해 알아볼까?

① **커리어 코치(Career Coach):** 커리어 코치란 내담자의 성격·환경·경력 등을 파악하여 올바른 직업관과 진로를 정할 수 있도록 도와주는 일을 하는 사람이다. 커리어 코치는 접수된 이력서 및 자기소개서를 면밀히 검토하고 적성 검사나 심리 검사를 실시하여 내담자에 대한 기초 자료를 작성한다. 그런 다음에 내담자와 직접 대면하여 진로 설계 상담을 하고, 그 결과를 보고서로 작성하여 내담자에게 제공한다. 전문적인 검사와 상담을 통해 직업과 관련된 직업 목표를 설정할 수 있도록 도와주고 그에 필요한 능력을 함양하도록 도움을 준다고 할 수 있다.

② **직업 상담사:** 직업 상담사는 청년과 재취업하려는 여성·노인 등을 대상으로 일자리 정보를 제공하고, 간단한 적성 검사를 통해 구직자의 흥미 분야를 안내하는 일을 한다. 고용복지플러스센터나 여성새로일하기센터 등 주로 공공 기관이나 취업 관련 기관에서 구직자에게 필요한 직업 교육을 안내하고, 일자리를 알선하는 역할을 한다.

5. 헤드헌터의 직업 전망

구직 희망자의 이력서와 구인 정보에 관한 자료를 바탕으로 적정 인력을 찾아내야 하는 헤드헌터는 전문 분야의 경제 상황에 따라 그 수요 변화의 폭이 넓은 편이다.

유능한 인재를 확보하고 유지하는 것이 기업의 자산이며 성과와도 직결되므로 전 세계적으로 전문경영인을 유치하기 위한 경쟁이 치열하게 이루어지고 있다. 평생직장의 개념이 무너진 지 오래이고 기업에서는 보다 나은 전문 인력과 고급 인재를 갖추기 위해 헤드헌터 업체의 도움을 필요로 하고 있으므로 헤드헌터의 수요는 늘어날 것이다.

맥킨지 글로벌연구소는 〈일자리 전망 보고서 2017〉에서 '2030년이 되면 약 8억 명의 일자리가 사라질 것이며, 상상할 수 없을 만큼 새로운 직업이 생겨날 것'이라고 예측했다. 이는 헤드헌터의 일자리가 그만큼 늘어날 것이라는 전망을 대변하는 것이기도 하다. 단순히 채용 공고를 내는 것에서 그치는 것이 아니라, 4차 산업 혁명 시대에 기업에서 요구하는 역량을 갖춘 인재를 찾아내는 일에 헤드헌터가 앞장서야 할 것이다.

헤드헌터

헤드헌터가 되는 방법은 크게 두 가지로 나눌 수 있다. 4년제 대학이나 대학원을 졸업하고 헤드헌팅 업체에 입사해 4~5년간 리서치 업무와 관련된 경력을 쌓은 후 헤드헌터가 되거나, 한 업종에서 10년 이상 직장 경험을 쌓은 뒤 해당 분야의 인맥과 전문성을 바탕으로 헤드헌터로 전직하는 경우다.

기업에서 의뢰가 들어오면 본인이 그동안 쌓아온 경험과 지식, 열정, 인적 망을 총동원해 적정 인력을 찾아내야 한다는 점에서 각 분야 현업에서 최소 5년 이상 경력을 쌓는 것이 필수적이다. 아직 직장 생활 경험이 없는 사람들이 단기에 종합적인 역량을 동원하기는 어렵기 때문이다.

회사 내에서 신규부터 팀장급, 임원, 최고경영자까지 인터뷰하고 추천서를 작성하는 과정이 따르게 되므로 헤드헌터가 되고자 한다면 본인의 현재 상황이 헤드헌터로서 적합한지를 먼저 판단하는 게 좋다.

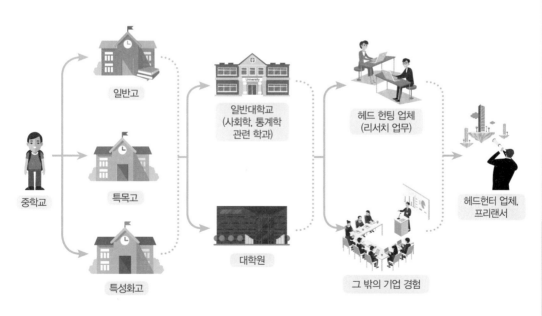

일반고

일반대학교
(사회학, 통계학
관련 학과)

헤드 헌팅 업체
(리서치 업무)

중학교

특목고

헤드헌터 업체,
프리랜서

특성화고

대학원

그 밖의 기업 경험

◎ 헤드헌터의 커리어 패스

사회학과

학과 소개

사회학과의 교육 목적은 사회에 대한 통찰
과 이해, 비판적인 문제 제기, 과학적이고 체계
적인 사회 분석 그리고 현실적인 대안 제시 능력을
배양하여 전문적인 사회 조사와 분석 분야에서 탁월한
능력을 발휘할 수 있는 실용적인 교육의 실천에 있다.
사회학은 사회복지학, 여성학, 신문방송학, 정치외교학 등
응용 학문의 기초라는 점에서 중요하다.
사회학과에서는 사회 각 분야의 다양한 현상과 문제를
분석하는 데 필요한 이론과 방법을 공부한다.
따라서 정치학, 경제학, 법학, 행정학 등
인접 학문에 대한 폭넓은 학습이
필요하다.

진출 직업

사회 과학 연구원, 사회 단체 활동가,
사회학 연구원, 마케팅 및 여론 조사 전문가,
신문기자, 출판물 기획 전문가, 공무원, 광고 및
홍보 전문가, 국회의원, 금융 관련 사무원, 기자,
판사 및 검사, 변호사, 사회복지사, 헤드 헌터,
회계사, 도시계획가, 문화 콘텐츠 전문가,
방송 연출가, 인문사회 계열 교수, 지방 의회
의원, 군무원, 문화기획자, 사회복지
관련 관리자, 지역 환경 정책
연구원 등

관련 학과

사회학과, 정보사회학과, 사회
생활학과, 불교사회학부, 도시사회
학과, 도시사회학−국제도시개발학전공,
공공사회 · 통일외교학부, NGO학과,
사회학전공, 사회과학전공, 공공
사회학전공, 사회언론정보
학부사회학전공

자격 및 면허

사회조사분석사,
정책분석평가사

진출 분야

★언론 및 교육계★
방송사, 신문사, 잡지사, 광고 기획사

★연구소 및 기업체★
여론 조사 및 시장 조사 기업, 기업체 조사 분석실,
사회 조사 연구소, 사회 여론 연구소, 사회 정책
연구소, 노동 사회 연구소, 사회과학 연구소

★정부 및 공공 기관★
중앙 정부 및 지방 자치 단체

적성 및 흥미

사회학을 전공하려면 개인에서부터
정치, 제도에 이르기까지 각종 사회 전반적인
현상에 대한 폭넓은 관심이 필요하다. 그러므로
평소에 신문이나 책을 통해 사회에서 일어나는 사건들
을 관심 있게 지켜보는 학생에게 적합하다.
더불어 사회 현상에 대한 논리적인 분석력과 날카로운
통찰력이 중요하며, 사회 현상에 대한 조사를 위해
통계학적 지식을 갖춘 학생에게 유리하다.
항상 주변에서 일어나는 일을 그냥
지나치지 않는 꼼꼼함과 호기심
또한 필요하다.

★동아리 활동★

영어나 리서치 관련 동아리 활동을
해 보는 것을 추천한다.

★봉사 활동★

서류를 분석하거나 리서치를 하는 봉
사 활동이나 사회의 소외계층을 위한
봉사 활동을 해 보는 것을 권장한다.

★독서 활동★

정치나 국제 정세를 다루고 있는 전
문 서적을 꾸준히 읽도록 한다.

★교과 공부★

법과 정치, 수학, 경제, 영어 과목에
집중할 것을 권장한다.

★교외 활동★

정치 포럼에 참여해 보거나 사회에서
이슈화되고 있는 문제를 프로젝트 형
식으로 진행해 보는 것을 권장한다.

※ 사회, 영어, 기술·가정 교과 우수상 및 리서치
활동에 참여하는 것이 도움이 된다.

환경 컨설턴트

관련 학과
지구환경과학과
96쪽

1. 환경 컨설턴트의 세계

　계절에 상관없이 들이닥치는 희뿌연 미세먼지는 우리의 삶을 바꾸어 놓았다. 꽃이 핀 봄에도 야외 나들이나 운동은 생각조차 할 수 없고, 외출 시 마스크가 생활필수품이 된 지 오래이다. 사람들은 안전하고 깨끗한 환경에서 살아가기를 바라고 있으며, 환경 문제가 자신의 일상과 직결된 매우 중요하고 심각한 문제임을 뒤늦게나마 깨닫고 있다. 2018년 침대 매트리스에서 방사성 물질인 라돈이 대량으로 검출되면서 사람들은 또 한 번 공포에 떨어야 했다. 리콜 이후에도 수거한 매트리스를 어디서, 어떻게 처리할 것인지를 두고 논란이 일기도 하였다.

　공장이나 기업을 운영하면 여러 가지 환경 문제가 발생한다. 제품 생산 과정에서 유독가스나 방사성 물질이 발생하여 근로자와 주변 지역에 악영향을 미치기도 하고, 완성된 제품에서 납, 카드뮴과 같은 중금속이나 유해 물질이 검출되어 소비자의 건강을 해치기도 한다. 그리고 제품 생산 과정에서 발생하는 각종 폐수와 산업 폐기물 등을 제대로 처리하지 못해 수질 오염, 토양 오염, 대기 오염 등을 일으키기도 한다.

그러나 이 같은 환경 관련 문제는 단지 기업에만 국한된 문제가 아니다. 중앙 정부와 지방 자치 단체 등 공적인 영역에서도 환경 문제가 발생하며 이에 대한 근본적인 해결책을 요구하는 목소리가 커지고 있다. 그 중 하나가 바로 학교 석면 문제다.

2016년 여름방학과 2017년 겨울방학 동안 서울 지역 5개 초등학교와 경기도 부천의 2개 초등학교, 일산의 1개 고등학교 그리고 인천의 3개 초등학교 등 모두 11개 학교에서 석면 건축 자재를 철거한 후 시료 102개를 채취하여 전자 현미경으로 분석한 결과, 절반이 넘는 66개 시료에서 석면이 검출되었다. 이곳뿐만 아니라 각 교육청마다 진행하는 석면 철거 학교의 실정이 대부분 비슷하였다.

석면은 사문석 또는 각섬석이 섬유질로 변한 규산염 광물로 산성이나 염기성에 강하고 열과 전기가 잘 통하지 않아 과거 건축물의 지붕(슬레이트 지붕), 천장 마감재와 자동차 브레이크 등에 널리 사용되어 왔다. 그러나 석면이 폐암, 악성 중피종, 후두암, 난소암 등을 일으키는 확인된 발암 물질임이 알려지면서 1980년대 초반 북유럽을 시작으로 석면 사용이 금지되었고 지금은 세계 54개국에서 석면 사용을 금지하고 있다. 우리나라도 2009년부터 금지했는데 이전에 사용한 석면 건축물의 안전 관리가 큰 문제로 남아 있다. 특히 학교의 경우 전체 70%가량이 여전히 석면 건축물이다. 학교 석면 문제는 분명 30~40년 후 새로운 환경성 석면 노출 피해자들을 만들 것이고, 그 피해자들은 애꿎은 학생들과 교직원, 그리고 학교 주변 주거자들이 될 것이다.

이처럼 다양한 환경 문제는 기업과 정부를 가리지 않고 곳곳에서 발생하고 있으며, 국민의 건강과 생명을 지키고 환경 문제를 미연에 방지하고 또 해결하기 위해서는 환경 전문가가 필요하다. 정부나 기업의 환경 관리상 문제점을 조사, 진단하고 이에 대한 해결책을 제시해 주는 일을 하는 사람을 환경 컨설턴트라고 한다.

2. 환경 컨설턴트가 하는 일

환경 컨설턴트는 기업이나 공공 조직이 가지고 있는 환경 관리상의 문제점을 진단하고 이에 대한 해결책을 제시하는 일을 한다. 환경 컨설팅의 영역은 대기, 수질, 토양 오염 방지부터 친환경 상품 인증까지 방대하며, 기업을 대상으로 환경 안전에 대한 컨설팅을 하는 것이 환경 컨설턴트의 주 업무다.

예전에는 사업장에서 발생하는 오염물을 처리하는 과정을 설계하고 사업장을 안전하게 관리하는 데 치중했다면 최근에는 제품 자체를 친환경으로 만들고 친환경 인증을 받는 데 중점을 두고 있다. 온실가스 저감, 저탄소 인증 등 환경오염물질 저감, 자원재생(리사이클), 환경표시제도 인증 등 하나의 제품을 개발, 생산, 사용, 폐기하는 전 과정에 걸쳐 적용 가능한 친환경 전략을 분석하고, 전 과정에서 발생하는 탄소 배출량을 평가하여 가능한 환경을 덜 파괴하는 '착한 제품'을 생산할 수 있도록 조언한다.

구체적인 업무를 살펴보면 친환경 기업으로 지정받기를 원하는 기업으로부터 환경경영 컨설팅 신청을 받아 각 평가 및 조사에 관련된 기준을 검토하고 현장 조사를 위한 일정 등의 계획을 수립한다. 각 평가 항목의 법적, 규범적 기준에 따라 전략, 정책, 조직구조, 문제점을 재고할 수 있도록 현재 수준을 파악하고 평가한다. 조사·진단·평가된 내용을 정리하고 기술적, 사회적 해결책을 제시하기도 한다.

이 밖에도 환경 회계 감사나 여러 가지 환경 규제를 앞두고, 기업이 이에 적절하게 대응하거나 미리 대비할 수 있도록 관련 법규 및 구체적인 방법 등을 알려주는 역할을 하기도 한다. 국내외 환경 규제가 강화되고 있고, 소비자 또한 친환경 제품을 선택하는 경향이 강해지고 있어 환경 컨설턴트가 활약할 수 있는 분야는 더욱 넓어질 것으로 예상된다.

신도시 개발 사업 등 여러 형태의 개발 행위가 자연환경에 미치는 영향을 사전에 측정하고 평가하여 환경적으로 건전하고 지속 가능한 개발이 될 수 있도록 해결책을 제시한다.

기업이나 공공 조직의 환경 관리 상태를 진단하고 체계적인 환경 관리를 위한 조직의 방침 및 장기 계획을 수립하며, 그것을 실행하기 위한 방법에 대해 조직원에게 교육한다.

기업체의 환경 산업 즉, 공해 방지 산업 진출에 대한 타당성을 조사한다.

조직의 면담 및 조사, 평가 현장의 방문 조사를 통해 취약점과 보완 가능성을 분석한다.

조사·진단·평가된 내용을 정리하고 기술적, 사회적 해결책을 제시한 보고서를 작성한다.

환경과 관련된 이해 당사자들의 의견을 청취하고 조율하기 위한 간담회를 진행하기도 한다.

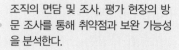

환경 컨설턴트

 ## 탄소 배출권 거래제란 무엇일까?

에너지 소비량이 많은 업체들이 이산화 탄소 배출량을 줄이지 못할 경우 조림 사업체로 부터 돈을 주고 탄소를 배출할 권리를 사야 하는데, 이처럼 온실가스의 배출 권리를 사고 팔수 있도록 한 제도를 탄소 배출권 거래제라고 한다. 교토의정서*에 따르면 의무 당사국들은 1990년 배출량을 기준으로 2008년에서 2012년까지 이산화 탄소 배출량을 평균 5% 수준으로 줄여야 한다. 따라서 해당 국가의 에너지를 많이 소비하는 업체들이 배출 규제를 받게 된다. 석유 화학 기업 등 이산화 탄소 배출량이 많은 기업들은 이산화 탄소 배출 자체를 줄이거나 혹은 배출량이 적은(예컨대 뉴질랜드처럼 조림 지역이 많은) 국가의 조림지 소유업체로부터 권리를 사야 한다.

*교토의정서: 지구 온난화 규제 및 방지를 위해 선진국의 온실가스 감축 목표치를 규정한 기후 협약서

출처: LG사이언스랜드, 호기심해결사, 탄소배출권이란?

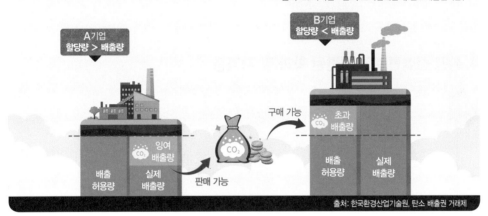

출처: 한국환경산업기술원, 탄소 배출권 거래제

 ## 환경마크제도란 무엇일까?

환경마크제도는 같은 용도의 다른 제품에 비해 '제품의 환경성*'을 개선한 경우 그 제품에 로고(환경마크)를 표시함으로써 소비자(구매자)에게 환경성 개선 정보를 제공하고, 소비자의 환경마크 제품 선호에 부응해 기업이 친환경 제품을 개발·생산하도록 유도해 자발적 환경 개선을 유도하는 자발적 인증제도이다.

*'제품의 환경성'이란 재료와 제품을 제조·소비·폐기하는 전 과정에서 오염 물질이나 온실가스 등을 배출하는 정도 및 자원과 에너지를 소비하는 정도 등 환경에 미치는 영향력의 정도를 말한다.

출처: 한국환경산업기술원, 환경마크

3. 환경 컨설턴트에게 필요한 능력

화학 및 생물 등 환경 공학과 관련된 지식을 가지고 있어야 하며, 환경 문제의 원인을 규명하고 이를 창의적이고 논리적 방법으로 해결할 수 있는 문제 해결 능력이 필요하

다. 통계 및 수학 계산을 신속 · 정확하게 수행할 수 있는 수리 능력과 다양한 사람들과 접하며 원활하게 업무를 수행할 수 있는 사교성과 유연한 의사소통 능력을 기르는 것이 중요하다.

이와 더불어 '환경 경영' 분야에 대한 공부와 이해가 필수적이다. 지속 가능한 성장을 위해 친환경적 전략을 기업 경영에 적극적으로 활용해야 하기 위해서는 관련 제도와 법규에 대해 잘 알고 있어야 하며, 경영 전반에 대한 이해를 바탕으로 환경에 대한 다양한 요구를 어떻게 경영에 접목시킬 수 있을지 생각해 낼 수 있어야 한다. 또한 제품을 수출할 때 수입하는 나라의 환경 기준을 충족하지 못하면 수입을 거부당할 수 있으므로, 이러한 환경 규제와 관련된 다양한 법규를 아는 것이 필요하며 외국의 최신 자료와 동향을 파악하기 위해 외국어 능력도 갖추어야 한다.

4. 환경 컨설턴트와 관련된 학과 및 자격증

- **관련 학과:** 화학공학과, 화학과, 환경공학과, 생태학과, 대기학과, 미생물학과, 산업공학과, 환경경제전공 등
- **관련 자격:** 대기환경기사, 수질환경기사, 산업위생관리기사, 소음진동기사, 폐기물처리산업기사/기사/기술사, 환경기능사, 토양환경기술사, 자연환경관리기술사, 자연생태복원산업기사 등

5. 환경 컨설턴트의 직업 전망

국민들의 인식이 건강, 복지 등과 같은 웰빙(Well-being) 쪽으로 확산되고 쾌적하고 건강한 환경의 조성 및 유지가 국내외적으로 매우 중요한 이슈로 부각됨에 따라 친환경 제품에 대한 관심과 요구는 매우 뜨거운 실정이다. 또한 기후 변화로 인한 지구 생태계 파괴 및 인류의 건강 보호와 같은 글로벌 환경 문제 해결이 중요한 과제로 대두되면서 환경 문제를 해결할 수 있는 전문가에 대한 요구가 증가하고 있다.

이러한 흐름을 반영한 듯 최근 환경 관련 학과의 지원율 및 졸업생이 증가하고 있는 추세이나 선진국에 비해 아직 우리나라는 환경에 대한 인식이나 대책이 다소 미비하다고 할 수 있다. 하지만 앞으로 자연환경 보전, 환경 친화적인 제품 개발, 친환경 공장 운영, 친환경 물질 개발, 기업체의 친환경 ISO 획득 등 거의 모든 분야에서 환경 컨설턴트에 대한 수요가 증가할 것으로 예상된다.

환경 컨설턴트

환경 컨설턴트가 되기 위해서는 환경에 대한 관심과 애정이 무엇보다 요구된다. 또한 전문성을 갖추어야 하기 때문에 학사 이상의 학력을 갖추는 것이 필요하다. 2013년부터 대부분의 환경 관련 기사시험의 응시 자격 조건에서 비전공자를 제외시키고 있으므로 관련 전공을 필수로 이수해야 한다. 환경 기술을 컨설팅할 경우 환경 공학, 토목 공학, 화학 공학 등 공학 계열의 전공이 적합하다. 환경 경영과 관련해서는 전략을 수립하는 등 경영 지식과 법, 제도와 관련이 깊기 때문에 경영학, 법학 등의 전공이 적합하다.

관련 직종으로는 환경공학기술자, 수질환경기술자, 대기환경기술자, 폐기물처리기술자, 소음진동기술자, 환경영향평가원, 토양(환경)공학기술자, 온실가스인증심사원, 친환경제품인증심사원, 보건위생 및 환경검사원, 환경공학시험원 등이 있다.

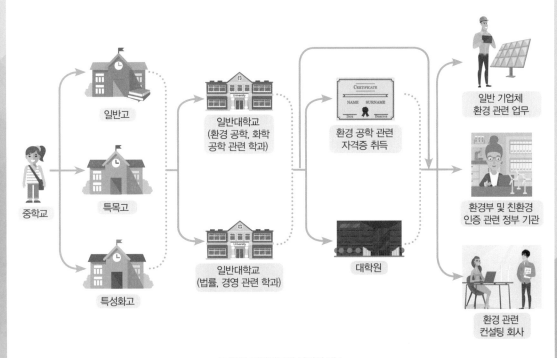

◎ 환경 컨설턴트의 커리어 패스

지구환경과학과

학과 소개

지구환경과학과에서는 대기, 물, 토양,
생물, 인간 등을 대상으로 환경 문제의 원인,
현황과 해결 방안을 탐색한다. 연구하는 대상의
범위가 넓어 여러 분야의 기초 과학과 연계성이
요구되는 융합 학문이다.
교육 과정은 자연 과학의 기초 과목과 각 환경 문제에
적용할 수 있는 과목들로 구성된다. 특히 이론 과목에서
습득한 지식을 주변 환경을 대상으로 활용할 수
있도록 야외 조사와 실험, 실습을 중시하고 있다.
이러한 교육 과정을 통해 환경 문제를
종합적으로 파악하고 해결할 수
있는 능력을 배양한다.

진출 직업

국토지리정보원, 한국지질자원연구원,
해양과학기술원, 국립기상과학원, 국립환경
과학원, 환경정책평가연구원, 컨설팅 기업, 환경
영향평가원, 대기환경 기술자, 상수도 기술자, 소음
진동 기술자, 수자원 관리자, 수질환경 연구원, 토양
환경 기술자, 폐수처리 기술자, 해양공학 기술자,
환경공학기술자, 환경설비 기술자, 환경시설
진단 연구원, 환경오염 분석가, 환경
위생 검사원, 환경 컨설턴트

적성 및 흥미

자연과 우리 주변의 모든 환경에
대한 호기심과 애정, 그리고 무엇보다
사회와 미래에 대한 책임감이 매우 중요하다.
환경 문제의 원인을 이해하려면 분석력이
필요하며 환경이 어떻게 변하고 있는지
판단하기 위해서는 세심한 관찰력도
중요하다.

자격 및 면허

응용지질기사, 토목기사, 수
질환경기사, 토양환경기사,
대기환경기사, 폐기물환경기사,
광해방지기사, 대기 · 수질 환경
측정분석사, 소음진동기사,
자연생태복원기사

★동아리 활동★

지구 환경 살리기, 재생용품 만들기
등의 동아리 활동을 해 보는 것을 추
천한다.

진출 분야

★기업체★
산업계 자원 개발, 항공 · 해운, 선박 ·
건축, 화학 · 환경, 건설 · 기계 · 재료 관련 기업,
금융계 대기업 마케팅 부서, 회계 · 금융회사
(탄소 배출권 거래 관련)

★연구소★
국책 · 국가산업계 · 연구소, 국가기상위성센터,
대기업 연구소

★정부 및 공공 기관★
국립공원관리공단, 한국석유관리원,
한국환경공단, 한국수산자원관리공단,
환경부, 기상청

★봉사 활동★

마을이나 학교 주변 정화, 에코 캠페
인 관련 봉사 활동을 해 보는 것을 권
장한다.

★독서 활동★

인문 사회나 환경 과학 관련 독서를
꾸준히 한다.

관련 학과

환경대기과학과, 해양환경과학전공,
지구환경과학부, 바이오자원환경학과, 산림
환경과학과, 산림환경시스템학과, 바이오환경과
학과, 생물환경학과, 환경학과, 환경과학전공, 환경
재료과학과, 지구환경시스템공학부, 해양환경학
과, 환경생명과학과, 보건환경융합과학부, 지구
환경공학전공, 생태환경관광학부(생태관광,
생태환경, 생물응용 전공), 에코환경
과학전공

★교과 공부★

화학, 지구과학, 물리, 생물 과목에 집
중할 것을 권장한다.

★교외 활동★

환경 지킴이 프로젝트나 캠페인을 진
행해 보는 것을 권장한다.

※ 수학, 지구과학, 화학 교과 우수상 및 외국어 관
련 교내 수상, 각종 환경 관련 공모전에 참여하는
것이 도움이 된다.

12 회계사

관련 학과
회계학과
104쪽

1. 회계사의 세계

경제 뉴스를 보다가 '분식 회계'란 말을 들어본 적이 있을 것이다. '분식(粉飾)'이라는 단어는 '가루 분(粉)'에 '꾸밀 식(飾)' 자를 쓰는데, '실제보다 좋게 보이려고 사실을 숨기고 거짓으로 꾸민다'는 뜻이다. 다시 말해 분식 회계란 기업이 재무 상태를 좋게 보이게 하기 위해 회계 장부를 조작하여 자산 및 이익을 부풀리는 부정행위를 가리킨다. 실적을 부풀리는 것뿐만 아니라 세금을 줄이기 위해 일부러 실적을 축소하는 역분식도 있다. 분식 회계는 엄연한 범죄 행위로서, 주주와 채권자에게 손해를 끼치는 것은 물론이고 비자금(세금 추적을 할 수 없도록 특별히 관리하여 둔 돈을 통틀어 이르는 말로, 무역과 계약 등의 거래에서 관례적으로 생기는 리베이트와 커미션, 회계 처리의 조작으로 생긴 부정한 돈 등이 이에 해당한다.) 조성, 탈세, 횡령 등으로 이어져 사회적으로도 큰 문제를 일으킬 수 있다.

우리나라에서 일어난 대표적인 분식 회계 사례로는
모뉴엘을 들 수 있다. 모뉴엘은 가전제품을 수출하는 튼
실한 강소기업으로 1~2조 원이 넘는 매출을 자랑하였으
나, 실제로는 이 모든 것이 조작된 것이었다. 모뉴엘은 해외
에 페이퍼컴퍼니를 만들어 수출을 한 것처럼 꾸미고, 조작된

물리적인 실체 없이 서류상으로만 존재하는 기업

매출 채권을 담보로 하여 국내 금융권으로부터 수천 억 원
을 불법으로 대출받았다. 대출을 받아 또 다른 대출을
돌려 막던 중 이를 수상히 여긴 우리은행 직원이 850
억 대출금을 전액 회수하면서 범죄 사실이 발각되었다.
수출을 잘했다고 국무총리 상까지 받았던 이 회사는 결국 2014년에
파산하였고, 대표는 수감되었다. 이 밖에도 수년 간 조직적으로 부채를 누락시키고 부실
채권을 정상 채권으로 둔갑시켜 22조 9,000억 원이라는 엄청난 규모의 분식을 한 대우
조선해양 사례, 다양한 분식 회계 방법을 총동원하여 1조 5,587억 원의 이익을 부풀린
SK 글로벌 사례 등이 있다.

해외의 분식 회계 사례로는, 주가를 올리기 위해 수많은 특수 목적 법인을 설립하여
부채를 누락하고 손실을 감추는 수법을 통해 15억 달러(약 1조 7,000억 원)를 분식 회계
한 미국의 대표적인 에너지 기업이었던 엔론(Enron)을 들 수 있다. 저조한 실적을 분식
회계로 감춘 결과 엔론의 최고경영자는 징역 24년 형을 선고받았고, 엔론 직원 2만여
명은 하루아침에 직장을 잃었다.

굵직한 사건만 뽑아 봐도 꽤 여러 건의 분식 회계가 발생했음을 알 수 있으며, 지금
도 몇몇 바이오 기업이 분식 회계 의혹으로 수사를 받고 있다. 분식 회계는 실제 재무제
표를 허위로 작성한 경영진에게 가장 큰 책임이 있으며, 그 다음으로 이를 감사해야 할
회계 법인에도 책임이 있다. 마지막으로 제도적으로 분식 회계 가능성을 막지 못한 감독
당국에게도 책임이 따른다.

결과론적인 얘기이긴 하지만 대부분의 회계 전문가들은 외부 감사 법인에서 감사를
충실히 수행했다면 이와 같은 회계 부정을 미리 적발할 수 있었다고 말한다. 회계사들이
기업의 눈치를 보지 않고 독립적이고 전문적인 역량을 가지고 자신의 소신을 당당하게
펼칠 수 있을 때 기업 정보가 왜곡되지 않고 투명하게 공개되어 기업에 대한 공정한 평
가와 올바른 투자가 가능해질 것이다.

기업이 투자자들에게 신뢰를 얻으려면 공신력 있는 재무제표가 필수적이다. 이 때문
에 기업이 회계 장부나 재무제표를 회계 기준에 맞게 작성했는지, 이러한 장부가 기업
의 실제 상황을 정확하게 반영하고 있는지를 검토하여 보고서를 발표하는 일이 회계사

의 주 업무라 할 수 있다. 자본주의가 발달하고 기업에 대한 투자가 활발해질수록 기업에 대한 감사 업무를 핵심 업무로 삼고 있는 회계사의 역할이 더욱 커질 것이다.

그것이 알고 싶다 재무제표란 무엇일까?

기업은 자신의 경제적 상태가 어떠한지 보고서로 만들어 주기적으로 주주, 채권자, 종업원 등 여러 이해관계자에게 알릴 의무가 있다. 이러한 일련의 과정을 재무 보고(Financial Reporting)라 하고, 이때 제시되는 보고서의 묶음을 재무제표라 한다. 재무제표에 해당하는 보고서(재무제표의 구성 요소)에는 재무상태표, 포괄손익계산서 등이 있다.

재무상태표	
자산 　**유동자산** 　　당좌자산 　　재고자산 　**비유동자산** 　　투자자산 　　유형자산 　　무형자산 　　기타비유동자산	**부채** 　유동부채 　비유동부채 **자본** 　자본금 　자본잉여금 　이익잉여금 　자본조정 　기타포괄손익누계액

포괄손익계산서
매출액 　매출원가
매출총이익 　판매비 및 일반관리비
영업이익 　영업외수익 　영업외비용
법인세차감전순이익 　법인세
당기순이익

① **재무상태표(Statement of Financial Position):** 회계기간 마지막 날을 기준으로 기업의 재무 상태(자산, 부채, 자본)가 어떠한지를 보여 주는 보고서
② **포괄손익계산서(Statement of Comprehensive Income):** 한 회계기간 동안 기업의 경영 성과(수익, 비용)를 보여 주는 보고서

2. 회계사가 하는 일

회계사가 하는 일은 크게 회계 감사와 세무 및 경영 컨설팅으로 나눌 수 있다. 회계 감사는 회계사의 가장 고유하면서도 기본적인 업무로서 개인이나 기업, 공공시설, 정부출연기관 등의 경영 상태, 재무 상태, 지급 능력 등에 관한 다양한 재무 보고에 대해 독립적으로 감사 보고서를 작성하여 '적정', '부적정' 등의 의견을 표명하는 것이다. 주로 회사에서 발행하는 재무제표가 왜곡 없이 적정하게 작성되었는지 최종 점검하는 일을 한다. 회계사를 통해 검증된 재무제표가 공시되기 때문에 매우 중요한 업무라고 할 수

있다.

세무 업무는 개인의 경우 보통 세무사가 이를 담당하고 있으나, 법인의 경우에는 세무조정 등 회계 기준으로 작성된 재무제표를 세법 기준으로 전환하는 작업을 거쳐야 하므로 이러한 업무를 회계사가 수행하고 있다. 또한 기업이 세무 조사에 대응하는 것을 돕기도 한다. 세무 조사란 납세의무자인 기업이 신고한 내용에 오류가 있거나 <u>탈루</u>한 부분이 있을 때 세무당국이 이를 확인하는 조사이다. 이외에 부가적으로 발생되는 법인의 세금 문제 등을 함께 다루기도 한다. 이 밖에도 두 회사를 합치거나 한 회사를 분할해서 하나의 자회사로 만드는 인수 합병 활동이나 기업의 미래 전략 방향에 대해 재무, 회계 관점에서 조언하는 컨설팅 업무도 한다.

세금을 신고 또는 납부할 때 이를 의도적으로 누락시키는 일

회계사는 개인이나 기업, 공공시설, 정부 기관 등의 경영 상태, 재무 상태, 지급 능력 등의 다양한 재무 보고와 관련하여 상담을 해 주거나 관련 서류를 작성한다.

대상 기업에서 작성한 재무제표가 적절한지 감사하고 감사 보고서를 작성한다.

기업의 회계와 결산 업무가 바르게 행해지도록 재무제표를 작성하고, 전표와 장부의 정비 및 개선에 대해 지도한다.

기업의 재무 관리, 판매 정책 등에 대해 효과적인 방안을 제시한다. 장단기 경영 전략을 수립하고 기업 합병 등에 대한 경영 자문 업무를 수행하기도 한다.

납세 신고서를 작성하거나 세금에 대한 상담, 지도, 세무 소송 등을 대리하는 세무 업무도 수행한다.

회계, 재무 기록과 사업체의 회계 기준, 결과 및 내부 규정의 일치 여부 등을 조사하고 분석한다.

소득세법 규정과 기타 요건에 맞는지 확인하기 위해 사업현장 감사를 수행한다.

회계사

3. 회계사에게 필요한 능력

회계사는 숫자를 보는 직업이니 만큼 꼼꼼할수록 좋으며, 만나는 사람과 기업들이 많기 때문에 붙임성과 친화력 같은 대인관계 능력 또한 요구된다. 회계 관련 서류들을 세밀하게 검토하고 계산상의 오류를 잡아낼 수 있는 수리 능력과 분석력, 정확한 판단력이 필요하고 공정한 업무 처리 능력 또한 필수로 요구되는 덕목 중 하나이다. 성실함, 공정성, 비밀 유지, 독립성, 꼼꼼함, 분석적 사고 등의 성격을 가지고 있고 수학적인 능력이 겸비된 사람이라면 유리하다고 할 수 있다. 평소 회계학, 경제학, 통계학 등에 관심을 갖고 경제 상황이나 정책, 금융 업무 등을 꾸준하게 탐구하는 자세가 중요하다.

4. 회계사와 관련된 학과 및 자격증

- **관련 학과:** 경영학과, 경제학과, 금융보험과, 금융보험학과, 세무학과, 회계학과, 경영회계정보과, 세무회계과, 통계학과 등
- **관련 자격:** 공인회계사

5. 회계사의 직업 전망

현대 사회에서 회계 정보는 기업, 투자자 및 정부 기관의 합리적인 의사결정에 필수적인 요소이다. 회계의 투명성과 회계 정보의 중요성이 증가함에 따라 이를 작성하고 해석할 수 있는 회계 전문가에 대한 수요는 늘어

나고 있다. 이러한 수요는 단지 기업에만 국한되는 것이 아니라 공공 기관, 비영리 단체 등 다양한 조직에서도 증가하고 있다. 또한 핵심 업무라 할 수 있는 회계 감사 업무에서 재무 회계 분야의 컨설팅 업무로 그 영역을 점차 확대해 나가고 있다.

다만, 빅데이터를 바탕으로 한 인공 지능이나 로봇의 출현으로 자료의 입력과 단순 통계 등의 업무는 대체될 가능성도 있다. 그러나 데이터를 두고 적합성 여부를 판단하는 핵심 업무는 전문성을 갖춘 회계사가 직접 해야 하기 때문에 미래에 없어질 직업으로 보기에는 무리가 있다. 자본주의가 발달할수록 회계에 대한 전문 지식과 경험을 바탕으로 한 판단과 컨설팅이 더욱 중요해질 것이라 전망된다.

회계사

회계사가 되기 위해서는 공인회계사 자격시험을 치러야 하는데 이 시험에 응시하기 위해서는 먼저 회계학 및 세무 관련 과목 12학점 이상, 경영학 과목 9학점 이상, 경제학 과목 3학점 이상을 이수해 학점을 인정받아야 한다. 시험은 1차 시험과 2차 시험으로 구성되며 1차 시험은 객관식 필기시험으로 성적을 높게 받은 순으로 당락이 결정된다. 1차 시험에서는 최소 선발 인원의 2배수를 뽑으며 2차 시험은 주관식 필기시험이다. 회계사는 연간 800~900명 정도 뽑는다.

공인회계사 제 2차 시험에 합격한 사람이 공인회계사법 규정에 의한 직무를 행하고자 할 경우, 실무 수습 기관에서 1년 이상의 실무 수습과 회계 연수원에서 기본 실무 과정 연수 100시간 이상을 이수하여야 금융위원회에 공인회계사 등록이 가능하다.

주식회사의 외부 감사에 관한 법률에 의하여 감사인에 소속되어 감사 업무를 수행하고자 하는 사람은 실무 수습 기관에서 2년 또는 3년 이상의 실무 수습과 회계연수원에서 기본 실무 과정 연수 100시간 및 외부 감사 실무 연수 100시간 이상을 이수하여야 한다.

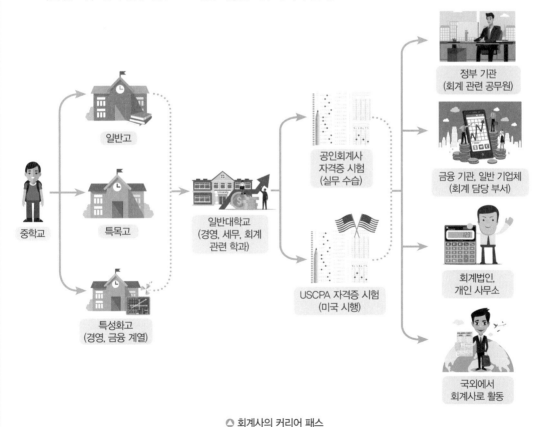

🔺 회계사의 커리어 패스

회계학과

회계학은 현대에 이르러 사회 과학으로 학문적 지위를 점점 굳혀가고 있다. 또한 실천적인 측면에서도 기업이나 기타 의사 결정자가 합리적인 경제적 의사결정을 하는 데 꼭 필요한 회계 정보의 올바른 산출을 위한 지침을 제시해 주는 중요한 역할을 하고 있다. 회계학과는 회계 정보를 과학적이고 체계적으로 교육하여 회계 및 세무 분야에 특화된 전문가를 양성하고자 하는 목표를 가지고 있다.

금융 자산 운용가, 보험 계리사, 손해 사정사, 외환 딜러, 은행원, 증권 거래사(CFA), 투자 분석가, 미국 공인 회계사(USCPA), 7급/9급 공무원(세무 직렬), 선물 중개사(AP), 공인 회계사(CPA) 및 세무사 등 회계 전문가, 세무 공무원, 회계 공무원, 외국계 기업의 회계 부서/재무 경영자(CFO), 금융기관의 증권 분석가/투자 전문가, 경영 컨설팅 회사 등의 재무/회계 컨설턴트

평소 회계를 비롯하여 금융 상품이나 재테크에 관심이 있다면 회계학과에 도전해 볼 만하다. 회계학과는 기본적으로 돈과 숫자를 다루는 학과이기 때문에 수치에 밝아야 하며 계산 능력도 뛰어나야 한다. 여러 수치를 정확히 처리할 수 있는 꼼꼼한 성격을 가지고 있다면 적합하다고 할 수 있다.

금융정보과, 세무정보과, 전산회계정보과, 회계과, 회계정보과, 국제금융정보과, 금융마케팅과, 회계금융과, 국제금융과, 세무회계과, 세무행정과, 경영회계과, 금융자산운용과, 국제통상회계과, 국제세무과, 회계금융경영과, 세무금융과, 금융자산마케팅과, 국제회계정보과, 글로벌회계정보과, 금융과, 금융관리과, 금융통상과, 스마트금융과, 재무관리과, 재무회계과, 컴퓨터금융회계과

자격 및 면허

공인회계사(CPA), 보험계리사, 보험중개사, 세무사(CTA), 세무회계, 손해사정사, 신용관리사, 신용분석사, 신용위험분석사(CRA), 여신심사역, 외환전문역, 자산관리사(FP), 재경관리사, 전산세무회계, 전산회계운용사, 국제금융역(CIFS), 미국공인회계사(USCPA), 국제공인관리회계사(CMA), 국제공인내부감사사(CIA), 국제재무분석사(CFA), 재무위험관리사(FRM), 국제공인재무설계사(CFP)

진출 분야

★기업체★
일반 기업체, 은행, 증권사, 자산 운용사, 종합 금융사, 보험 회사, 카드 회사, 컨설팅 회사, 무역회사, 회계법인, 노무 법인, 리서치 회사

★언론사★
신문사, 잡지사, 방송국

★연구소★
경영/경제 관련 국가 · 민간 연구소, 사회 과학 관련 국가 · 민간 연구소

★정부 및 공공 기관★
중앙 정부 및 지방 자치 단체, 금융 · 무역 · 수출입 관련 공공 기관

★동아리 활동★

경영 환경 변화에 대한 적응력, 데이터 분석 및 비평 능력, 지속적 자기 관리 및 개발 능력을 키울 수 있는 동아리 활동을 해 보는 것을 권장한다.

★봉사 활동★

컴퓨터를 활용하거나 외국어 실력을 키울 수 있는 봉사 활동을 해 보는 것을 추천한다.

★독서 활동★

다양한 분야의 독서도 좋으나 국제 정세 또는 경영 관리자의 롤모델에 관한 독서를 꾸준히 한다.

★교과 공부★

국어, 영어, 수학, 사회(경제, 사회문화) 과목에 집중할 것을 권장한다.

★교외 활동★

자격증 대비를 위한 활동, 경제 포럼이나 회계 사무소 탐방을 권장한다.

※ 국어, 영어, 수학, 경제 교과 우수상 및 컴퓨터, 외국어 관련 교내 대회에 참여하는 것이 도움이 된다.

13 감정 평가사

1. 감정 평가사의 세계

2014년 9월, 서울 강남의 '노른자위 땅'으로 평가받는 삼성동 한국전력 부지가 공개 경쟁 입찰을 거쳐 현대차그룹에 매각되었다. 당시 현대차그룹은 감정 평가액의 2배가 넘는 10조 5,500억 원이라는 매각 금액을 써내 관계자들을 깜짝 놀라게 하였다. 땅을 사는 데만 10조라는 엄청난 액수를 지불한 것과 관련하여 해당 부지의 매각 금액이 적정한지, 합리적으로 가격이 결정되었는지에 대해 사회적으로 많은 논란이 일었다.

건축물이나 땅의 적정한 가격을 매기기 위해서는 전문적인 지식과 객관적인 데이터에 근거하여 신뢰할 만한 평가 기준을 세우고, 가격에 영향을 미치는 복잡하고 다양한 요소를 분석하여 이를 공정하게 반영해야 한다. 만약 평가자마다 서로 다른 기준을 갖고 있다면, 동일한 건축물이라 할지라도 평가 금액은 매우 다르게 책정될 것이다.

이렇게 각종 땅이나 건축물의 가치를 결정하고 돈으로 환산하는 일을 전문적으로 하는 사람이 감정 평가사이다. 감정 평가사가 평가하는 대상의 유형에는 토지, 건물 등의 부동산과 건설 기계, 선박과 같은 동산, 상업용 부동산 중개 및 기업 인수 등이 있다. 이뿐만 아니라 최근에는 특허권, 상표권, 기술 가치 등의 무형 자산을 포함하여 거래 가능한 모든 자산의 가치를 평가하는 것으로 감정 평가 업무가 확대되고 있다.

그것이 알고싶다 우리나라에서 감정 평가사란 직업은 언제 생겨났을까?

우리나라에서 감정 평가 업무가 하나로 합쳐지기 전에는 건물의 가격을 알고자 할 때, 땅의 가격은 토지 평가사에게, 건물의 가격은 공인 감정사에게 물어봐야 했다. 이러한 불편함을 없애기 위해 지가공시법 제정을 계기로 1989년 7월 1일부터 땅과 건물, 두 가지 가치를 통합해서 평가하게 되었다.

2. 감정 평가사가 하는 일

감정 평가사는 우리 주변에 있는 토지나 빌딩, 상가, 아파트 등과 같은 부동산이나 기계 기구, 항공기, 선박, 자동차, 주식, 증권 등 유무형의 재산에 대한 경제적 가치를 평가하는 일을 한다. 감정 평가 업무는 사람들이 은행에서 돈을 빌릴 때나 나라에서 세금을 부과할 때, 새로운 도시를 조성하기 위한 대규모 택지를 개발할 때 택지에 대한 적정한 보상 금액을 정할 때 매우 중요한 역할을 담당한다.

나라에 내는 세금(국세)이나 지방에 내는 세금(지방세) 등의 기준이 되는 가격을 정한다.

건물이나 땅(토지)을 맡기고 은행에서 돈을 빌릴 때 건물과 땅(토지)의 가치를 정한다.

공시지가의 조사 평가, 세금을 부과하기 위한 기준 가격을 정하기 위한 감정 평가, 공공 사업을 추진하기 위한 보상 평가 등을 담당한다.

기업 등에서 의뢰한 자산의 가격을 평가한다.

감정 평가사

법원에서 경매 물건을 평가할 때 가격을 정한다.

국가가 도로나 신도시를 건설하거나, 도시 재개발에 따른 택지를 개발할 때 보상 금액을 결정한다.

감정 평가사의 하루

1단계
감정 평가 계획 세우기

3단계
감정서 작성하기

2단계
현장 조사하기

감정 평가 계획 세우기	감정 평가 의뢰서를 작성하고 감정의 목적에 맞게 감정 계획을 세운다.
현장 조사하기	감정 대상물의 가격 변화에 영향을 주는 원인을 확인하여 대상 물건의 부동산 가격을 조사하고, 해당 물건의 사용도, 입지 조건, 주변 시설 등 지역 특성을 살핀다. 실제로 현장 조사가 기본이나 최근에는 정보 통신 기술의 발달로 지도 서비스, 실거래가 현황, 감정 평가 사례 등 수많은 감정 정보가 있어 전산을 이용한 기초 자료 수집이 가능해졌다.
감정서 작성하기	모든 내용을 종합하여 가장 알맞은 감정 방법을 정하고 가격을 환산한 후 감정서를 작성하고, 해당 물건의 경제적 가치 결과를 감정가액으로 표시한다.

감정 평가사와 관련된 직업으로는 문서 감정사, 문화재 감정사, 미술품 감정사, 보석 감정사, 위폐 감정사, 부동산 감정사, 토지 평가사 등이 있다.

그것이 알고싶다 위폐 감정사는 무슨 일을 할까?

위폐 감정사는 화폐나 수표, 여권 등 가치 있는 물건의 위조나 변조 여부를 밝혀내는 일을 하는 사람이다. 감정 의뢰품을 의뢰받은 후 확대경, 현미경, 자외선 램프 등 다양한 과학 장비와 방법을 이용하여 감정품이 진짜인지 가짜인지 알아낸다.

위폐 감정사가 되려면 예리한 관찰력과 집중력, 인내력이 필요하다.

3. 감정 평가사에게 필요한 능력

감정 평가사는 수치와 통계를 많이 활용하기 때문에 수리력과 논리력이 요구된다. 또한 현장을 찾아가서 감정 업무를 하는 경우도 많기 때문에 지도를 정확하게 볼 수 있는 능력과 공간 지각력, 정확한 판단력, 의사 결정 능력을 갖추어야 한다. 꼼꼼한 성격을 가진 사람이 유리하며, 이해관계에 영향을 받지 않고 공정한 평가 결과를 내야 하므로 신뢰성, 책임감, 도덕성 등과 같은 엄격한 직업의식과 윤리 의식이 요구된다.

공정성을 확보하려면 최대한 중립적이고 독립적인 위치에서 감정 평가를 수행해야 하며, 어떤 정보가 진실되고 정확한 정보인지 구별해 내는 능력도 매우 중요하다. 또한 여러 집단이나 사람 간에 이해관계가 얽혀 있는 경우에는 많은 사람들을 만나 서로 다른 의견을 조율해야 하는 경우도 있기 때문에 활발한 성격이 유리하며, 원만한 대인관계 능력과 의사소통 능력도 필요하다.

보석이나 미술품 감정의 경우 품질이나 성과를 평가하고 검사, 조사하는 업무를 수행하는 만큼 예리한 관찰력과 분석력이 요구되며, 손이나 손가락을 이용하여 정교한 작업을 주로 하기 때문에 운동 신경과 집중력도 요구된다.

감정 평가사라는 직업에 관심이 있다면 평소 국내외 경제와 부동산 동향에 관심을 가지고, 경제 관련 신문 기사나 잡지 등을 구독하여 경제 분야의 소양을 키우는 것이 중요하고, 은행 등에서 주관하는 진로 체험 활동에 참여하면 도움이 된다.

4. 감정 평가사와 관련된 학과 및 자격증

- **관련 학과:** 경제학과, 고고학과, 금속공학과, 기계공학과, 도시계획학과, 도시공학과, 문화재과, 민속학과, 반도체학과, 법학과, 부동산과, 부동산학과, 사학과, 산업공학과, 세라믹공학과, 신소재공학과, 인류학과, 재료공학과, 지역개발학과, 지역학과, 회계학과
- **관련 자격:** 감정평가사, 공인중개사

그것이 알고싶다 부동산 관련 자격증에는 무엇이 있을까?

① **공인중개사**: 한국산업인력공단에서 시행하는 국가 자격으로 일정한 수수료를 받고 토지나 주택 등을 사거나 파는 사람들 사이에서 중개 행위를 수행한다. 토지, 건축물의 부동산 중개업 외에도 부동산을 관리, 개발, 분양 대행, 경매와 공매, 대상물의 입찰 신청을 대신하거나 혹은 매수 신청을 대신하는 등의 일을 한다. 예전에 비해 자격 취득 연령대가 낮아지는 경향이 있으며 부동산학과에서 학사 과정을 이수하기도 한다. 학위 과정 중에는 미국이나 영국의 국제교육 인증이 되어 자격과 관련한 모든 필기시험을 면제받아 국제자격증을 획득하는 데 수월한 경우도 있다.

② **주택관리사**: 국토교통부장관이 시행하는 국가 자격으로 아파트와 같은 공동 주택을 효율적으로 관리하고 공동 주택 입주자들의 권익을 보호하기 위한 업무를 한다. 주민들이 결정한 일을 집행하는 책임자이자 아파트에서 일하는 직원들의 리더로 일을 하게 되므로 어느 정도 연령대와 경험이 있어야 한다.

5. 감정 평가사의 직업 전망

감정 평가 시장은 경기에 영향을 덜 받는 편이며, 활동 영역이 지금보다는 더욱 확대될 것으로 예상된다. 특히 특허권, 영업권 등의 특수 감정 평가, 기업의 인수 합병과 관련한 기업 가치 평가 등의 시장이 활성화될 것으로 예상된다.

그러나 부동산 관련 업무의 전산화와 수도권 및 지방의 감정 평가 법인 수 증가 등에 따라 감정 평가사의 일자리 수요는 증가하기 어려울 것으로 전망된다. 특히 보석이나 미술품 등을 감정하는 감정사의 경우, 관련 업종에 관심을 갖는 젊은이들이 증가하고 있지만 경기 흐름에 매우 민감하며, 자격 취득 후에도 상당 기간의 실무 경력이 필요하다. 또한 진출 분야가 많지 않고, 경력이 중요한 입직 요인으로 작용한다는 측면에서 관련 분야 인력 증가에 부정적으로 작용할 것이라 예상된다.

감정 평가 업무와 관련된 분야의 직업군으로 변호사, 회계사, 법무사, 변리사 등이 있으며, 최근에는 변호사나 변리사 중에 감정 평가사 자격증을 소유하는 경우도 많아 이는 감정 평가사 직업에 불리하게 작용하는 요소이다. 그러나 글로벌 시대를 살고 있는 요즘 기업이나 개인이 해외에 부동산을 가지고 있어 그 가치를 재평가해야 하는 경우가 생길 수도 있으며, 외국 기업과 인수 합병 시 국제회계 기준에 맞춰 공정 가치를 평가하기도 하므로, 새로운 시장에서 감정 평가사의 수요는 늘어날 것으로 전망할 수 있다.

감정 평가사

감정 평가사가 되기 위해 특별한 학력 조건이 필요하지는 않다. 그러나 감정 평가사가 되고자 한다면 전문 대학이나 대학에서 법학, 경제학, 부동산학, 도시학, 회계학 등의 관련 학과를 전공하는 것이 유리하다.

감정 평가사가 되려면 국토교통부에서 주관하고 한국산업인력공단에서 시행하는 감정평가사 자격증을 취득해야 한다. 감정평가사 1차 시험에 합격한 후에 2차 시험을 볼 수 있으며 2차 시험에 합격한 후, 감정평가사협회에서 6개월간의 교육 훈련 과정과 6개월간의 실무 훈련 과정으로 이루어진 실무수습 과정을 거쳐야만 감정 평가사 자격증을 취득할 수 있다.

한국감정원, 한국자산관리공사, 한국토지주택공사, 관공서, 감정 평가 사무소, 감정 평가 법인, 부동산 컨설팅 회사, 합동 사무소, 보험회사, 은행 등에 주로 진출하며, 보석이나 미술품 등의 감정사는 관련 분야 전공 후 실무 경험이 있으면 취업에 유리하고, 독립적으로 창업을 할 수도 있다.

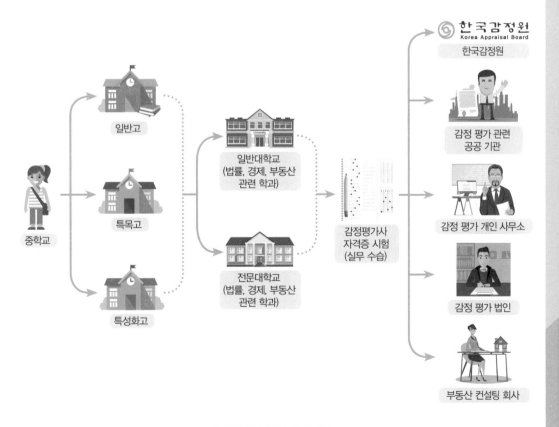

🔵 감정 평가사의 커리어 패스

대학교 관련 학과

경제학과

학과 소개

경제학은 인간의 먹고 사는
가장 기본적인 문제뿐만 아니라 넓게는
사회 현상을 올바르게 이해하고 그 바람직한
대안에 대해 탐구하는 학문이다.
경제학과에서는 사회 전반의 경제 문제를
파악하여 적절한 대책과 해결을 모색할 수 있
는 능력 있는 전문 경제인을
양성하는 데 교육 목표를
두고 있다.

진출 직업

공인 회계사, 관세사,
세무사, 감정 평가사, 공인 노무사,
보험 계리사, 보험 중개사, 손해
사정사, 물류 관리사, 유통 관리사, 비서,
전자 상거래 관리사, 전자 상거래
운용사, 판매 관리사, 세무 회계,
전산 회계 운용사, 사회 조사
분석사

적성 및 흥미

경제 뉴스를 즐겨 보거나, 사회와
경제 관련 과목에 흥미가 높다면
전공으로 선택할 만하다.
경제학에서는 각종 통계나 수학적인 요소를
많이 다루므로 수리 능력이 요구되고, 경제
현상을 정확하게 판단하는 분석력과 논리력
이 필요하다. 평소 합리적, 논리적으로
생각하는 습관을 키우는
것이 좋다.

관련 학과

경제통상학부, 국제경제통상
학부, 경제금융학전공, 경제학부, 경제
금융물류학부, 경제법학과, 경제학과, 국제
경제학과, 금융경제학과, 디지털경제학과,
산업경제학과, 소비자경제학과, 자원 · 정보
경제학전공, 지식재산학과, 지역경제학
과, 환경자원경제학과, 경제무역
학부, 경제통상학부

자격 및 면허

★국내 자격★
감정평가사, 공인회계사, 관세사,
보험계리사, 보험중개사, 세무사,
신용관리사, 신용분석사, 여신심사역,
외환전문역, 자산관리사(FP)

★국제 자격★
국제금융역(CIFS), 신용위험분석사(CRA),
국제재무분석사(CFA),
미국공인회계사(USCPA),
재무위험관리사(FRM)

진출 분야

★기업체★
일반 기업체, 은행, 증권사,
자산 운용사, 종합 금융사, 보험 회사,
컨설팅 회사, 무역 회사

★언론사★
신문사, 잡지사, 방송국

★연구소★
경영/경제 관련 국가 · 민간 연구소,
사회 과학 관련 국가 · 민간 연구소

★정부 및 공공 기관★
중앙 정부 및 지방 자치 단체,
금융 · 무역 · 수출입 관련 공공 기관

★동아리 활동★

경제 관련 상식과 용어에 대한 지식을 키우기 위해 경제나 외국어 관련 동아리 활동을 해 볼 것을 추천한다.

★봉사 활동★

서류를 분류하거나 자료 통계를 산출해 보는 분야 또는 외국인을 도와주거나 민원을 접수하는 분야의 봉사 활동을 해 보는 것을 추천한다.

★독서 활동★

경제 관련 도서와 논리적 사고력을 높일 수 있는 분야의 독서 활동을 권장한다.

★교과 공부★

외국어 실력과 수리 능력이 필요하므로 영어, 수학을 비롯해 업무 수행에 도움을 받을 수 있는 국어, 사회(경제) 과목을 꾸준히 공부한다.

★교외 활동★

경제나 금융 관련 기관에서 진행하는 체험 활동이나 관세청 등의 견학 활동을 권장한다.

※ 영어, 수학, 국어 교과 우수상 및 외국어 관련 교내 수상, 논술이나 경제 관련 각종 공모전에 참여하는 것이 도움이 된다.

14 관세사

관련 학과
국제통상학과
120쪽

1. 관세사의 세계

　자유 무역 협정(FTA: Free Trade Agreement)이란 둘 또는 그 이상의 나라들이 상호 간에 수출입 관세와 시장 점유율 제한 등의 무역 장벽을 완화하거나 없애기로 약정하는 조약이다. 이것은 국가 간의 자유로운 무역을 위해 무역 장벽, 즉 관세 등의 여러 보호 장벽을 철폐함으로써 서로 간의 교역을 늘리는 데 그 목적이 있다. 우리나라는 2004년 칠레를 시작으로 세계 각국과 FTA를 맺고 있으며, 2018년 기준 미국, 중국, 유럽 연합을 포함하여 52개국(15건)과 FTA를 체결한 상태이다.

　우리나라는 대외경제 규모가 국내 총생산(GDP)의 80% 이상을 차지하고 있기 때문에 정부에서는 지속적인 경제 성장을 위해 교역 확대가 필수라고 인식하고 있다. 최근 교역 국가들과의 자유 무역 협정(FTA) 체결을 통해 우리 상품의 수출 경쟁력을 유지하고

안정적인 해외 시장을 확보하려는 흐름과 함께 최근 주목받는 직업이 바로 관세사이다.

다른 나라와 교역을 하려면 국제적으로 정해진 절차를 거쳐야 하는데 이런 일련의 과정을 통관 절차라고 한다. 통관 절차는 수출이나 수입에 필요한 사항을 세관에 신고하고 허가를 받는 절차이며, 관세법에 근거하여 진행된다.

그런데 수출입 법령이 복잡하고, 또 매번 변화하기 때문에 전문 지식이 부족한 일반인이 담당하기에는 어려움이 있다. 이렇게 물건을 수출입할 때 수출입 업체를 대신해 수출입 절차를 대신 밟아 주고 문제가 발생했을 때 관세법상의 행정 소송을 수행하는 업무를 하는 사람을 관세사라고 한다.

현재 수입 통관 분야에 치중돼 있는 관세사의 역할은 앞으로 수출 분야로 확대될 것이다. 자유 무역 협정(FTA)이 활발히 추진되면서 관세 혜택을 받기 위한 정확한 품목 분류와 원산지 인증, 무역 전반에 걸친 컨설팅까지 무역과 통관 관련 업무에서 관세사의 역할이 점차 중요해지고 있다.

그것이 알고싶다 관세란 무엇일까?

수출·수입되거나 통과되는 화물에 대하여 부과되는 세금으로, 국세의 하나이다. 수출세, 수입세, 통과세의 세 종류가 있으나 현재 우리나라에는 수입세만 있다.

수입세는 수입품에 부과하는 관세로서 대부분의 국가에서 수입 관세를 부과하고 있다. 우리나라의 경우 평균 수입 관세율은 8%이며, 일반적으로 선진국으로 갈수록 평균 수입 관세율은 낮아지고 후진국으로 갈수록 자국 산업을 보호하기 위하여 수입 관세율은 높아진다.

2. 관세사가 하는 일

관세사는 우리나라에서 만든 제품을 수출하거나 외국에서 만든 제품을 수입할 때 제품의 소유주를 대신해 수출과 수입 절차를 밟고, 그 과정에서 문제가 생겼을 때 대신하여 해결하는 일을 담당한다.

수출입 회사나 업자를 대신해 수출입 업무를 맡아 처리한다.

수출에 필요한 서류를 작성하고, 수출 통관을 위해 신고 수리 필증을 교부한다.

관세를 되돌려 받는 데 필요한 서류를 작성하고 신청한다.

관세에 대한 상담과 자문을 해 주고, 수출입 관련 법령을 정확히 파악해 수출입 과정에서 생길 수 있는 피해를 줄여 준다.

관세사

수출입 물품에 대해 물품 분류 기호에 따라 분류하고 납부해야 할 세금액을 부과한다.

관세법에 의한 이의 신청·심사 청구 및 심판 청구를 대리한다.

관세법 및 관세에 관한 법률에 따른 수출, 수입 또는 우리나라에 신고하지 않고 들여온 물건을 되돌려 보내기 위한 절차를 수행한다.

FTA에 적용되는 조건을 심사하고 원산지를 관리하며 FTA와 관련한 모든 업무를 컨설팅한다.

관세사와 관련된 직업으로는 세무사, 회계사, 물류 관리 전문가, 국제 무역 사무원, 관세청 공무원 등이 있다.

그것이 알고싶다 국제무역사무원은 무슨 일을 할까?

국제무역사무원은 무역에 필요한 계약과 결제 및 관련 법 규정 등에 대한 지식은 물론 외국어 능력과 무역 실무 능력을 바탕으로 기업의 무역 관련 업무를 담당한다.

무역 절차의 흐름을 파악하여, 수출이나 수입 거래에 필요한 자료와 정보를 정리하고 계약 내용을 계약서의 형식이나 관련 법 규정에 따라 작성하며 수출입 허가서, 신용장 등의 세관 신고 서류를 작성하고 통관 절차를 진행하는 일을 한다. 또한 수출과 수입 담당자와 상담을 하며, 수출과 수입 시 발생하는 외국환을 취급하고 관리하는 일을 한다. 직업 특성상 무역에 필요한 계약, 외국어 및 관련 법 규정 등에 대한 지식 및 무역 실무 능력이 요구된다.

기업을 대신해 직접 교역 행위를 수행해야 하므로 다양한 해외 경험과 국제적 감각이 필요하다. 상대방에게 자신의 의견을 효과적으로 이해시킬 수 있는 논리적 언어 능력과 해외 영업원, 수입 및 수출 바이어 등과 원활한 업무 수행을 위해 대인 관계 능력과 의사소통 기술이 필요하다.

3. 관세사에게 필요한 능력

관세사는 물건의 수출과 수입에 필요한 각종 서류를 정확히 읽어내고 필요한 서류를 준비하여 통관 시기를 놓치지 않도록 준비해야 한다. 또한 소송이 걸렸을 때는 문제를 해결해야 하므로 법규 및 합의문 등의 자료를 읽고 정확히 이해하는 능력이 필요하다. 세액을 신속하고 정확하게 계산할 수 있는 수리 능력과 돈을 관리하는 능력 및 전산 능력, 문서 작성 능력을 갖추어야 한다. 무역과 관련한 여러 나라와의 관계를 파악해야 하기 때문에 법률 분야는 물론이고 경영, 무역, 유통, 경제, 회계 분야와 관련된 지식과 외국어(영어) 실력이 요구된다.

관세사에게 있어 무엇보다 중요한 것은 정직성과 도덕성이며, 여러 사람들을 대해야 하므로 원만한 대인 관계 기술도 필요하다. 꼼꼼한 성격과 자기를 스스로 통제할 수 있는 능력, 스트레스를 견딜 수 있는 인내심, 리더십도 갖추는 것이 좋다. 관세와 관련된 법률은 국내뿐만 아니라 국가 간의 문제에서도 발생하므로 국제적인 흐름이나 세계 경제 상황에 관심이 많아야 하고, 변화에 빨리 적응할 수 있는 능력도 있어야 한다.

관세사라는 직업에 관심이 있다면 수학을 잘 하면 좋고, 컴퓨터 활용 능력을 키울 필요가 있다. 또한 경영 및 경제, 무역과 관련한 다양한 독서 활동, 경제 관련 신문이나 잡지 구독을 통해 경제 분야의 소양을 키우는 노력을 기울이는 것을 권장한다.

4. 관세사와 관련된 학과 및 자격증

- **관련 학과:** 경영학과, 경제학과, 국제경영 및 통상학과, 통계학과, 회계학과, 무역과, 무역·유통학과, 법학과, 세무학과, 세무·회계학과, 수학과 등
- **관련 자격:** 관세사, 원산지관리사, 무역영어, 외환전문역, 국제무역사, 세무사, 물류관리사, 회계사, 보세사

무역 관련 자격증에는 무엇이 있을까?

구분	자격 분류	자격 내용
무역영어	국가공인 민간자격	무역 관련 업종에서 실무를 담당함에 있어 원활한 영어 소통 능력과 무역 관련 지식은 필수적이다. 무역영어 자격시험은 무역 관련 영문 서류의 작성 및 번역 등 영어 구사 능력은 물론 무역 실무 지식을 평가하기 위한 시험이다. 무역영어 자격증에는 1급, 2급, 3급이 있으며, 시험 과목은 영문 해석, 영작문, 무역 실무(총 3과목)이다.
국제무역사	민간자격	국제무역사 자격시험 역시 무역 실무 지식을 검증하기 위한 시험으로, 무역 영어에 비해 무역 관련 지식을 좀 더 폭넓고 깊이 있게 묻고 있다. 대외 무역법·통상, 전자 무역 등의 무역 규범, 통관/환급 및 FTA에 대한 이해와 활용, 각 유형별 대금 결제와 무역 계약, 환리스크 관리의 측면에서 유용하게 활용될 수 있는 외환 실무, 무역 서식 작성, 해석 및 활용, 운송 및 보험, 무역 업무에 필요한 중·고급 영어 실력 등을 평가한다. 시험 과목은 1급 기준으로 무역 규범, 무역 결제, 무역 계약, 무역 영어(총 4과목)이다.
원산지 관리사	국가공인 민간자격	원산지 관리사는 수출입 기업에서 원산지 관리 전담자로 근무하면서 FTA를 활용하기 위해 원산지 충족 여부 확인 및 관리, 원산지 증명서 발급 등을 담당하는 전문 인력을 말한다. 원산지관리사 자격의 시험 과목은 FTA 협정 및 법령, 품목 분류 실무, 수출입 통관 실무, 원산지 결정 기준(총 4과목)이다.

5. 관세사의 직업 전망

최근 세계 여러 나라들과의 자유 무역 협정(FTA) 체결로 국가 간의 무역 장벽이 낮아지고 있어 수출과 수입이 활발해질 것으로 예상되며, 이로 인해 관세사를 찾는 수요가 증가할 것으로 전망된다. 수입 물품의 관세가 완전히 면제되더라도 수출입 신고 등 통관 의무는 반드시 이행해야 하고, 무역과 관련된 전반적인 행정 업무도 증가하고 있다. 특히 안전과 건강에 대한 관심이 급증하고 있는 가운데 수입 식품을 철저히 검역하고 수입 물품에 대한 안전성을 확보해야 한다는 요구가 높아지고 있다. 수입 물품에 대한 검역 강화는 물론 잦아진 해외여행으로 개인 물품에 대한 검역 활동도 강화되는 정책이 시행되고 있으므로, 이는 관세사의 고용 증가에 청신호로 작용할 수 있다.

과거에는 수출입 신고 대행(단순 세관 신고, 통지, 서류 작성, 세관 제출)과 관련한 업무가 기본이었으나, 점차 리스크 관리, 자유 무역 협정 관련 컨설팅, 행정 심판 컨설팅 등으로 관세사의 업무 범위가 확대되고 있다. 특히 원산지를 밝혀내는 업무가 중요하기 때문에 정확하게 검토해야 하는 일이 많아졌다. 이러한 상황은 관세사의 역할이 앞으로 매우 중요해질 것으로 예측하는 요인이 되고 있다. 한편으로 관세 업무의 상당량이 전산화되면서 관세사의 업무가 줄어드는 부분도 있으나, 전체적으로 볼 때 우리나라의 경제 규모 성장과 세계화로 무역 환경이 복잡해지면서 관세사의 고용 전망은 밝다고 할 수 있다.

관세사

관세사가 되기 위해서는 가장 먼저 관세사 시험에 합격해야 한다. 미성년자라도 학력, 성별, 나이의 제한 없이 누구나 응시할 수 있다. 다만 자격증 교부는 성년이 되는 시점까지 보류된다(2019. 1. 1 이후부터 적용). 시험 과목은 관세법, 내국소비세법, 회계학, 관세율표 및 상품학, 관세 평가, 무역 실무, 무역 영어 등이며, 매우 전문적인 지식을 평가하기 때문에 대학에서 경영학, 경제학, 무역학, 세무(회계)학, 법학 등을 전공하는 것이 합격에 유리하다.

관세사 시험에 합격하면 6개월간의 실무 수습을 거쳐 관세사 업무를 시작할 수 있으나 관세사 업무가 이론과 실무를 겸비한 능력을 요구하기 때문에 관세사 자격을 취득했더라도 실무 경험을 통해 업무 능력을 쌓는 것이 중요하다. 개인 사무소를 개업하여 운영하거나 관세 법인, 합동 사무소, 통관 전문 법인이나 무역 관련 기업체나 관세청 산하 기관에서도 근무할 수 있다.

최근 세계 여러 나라들과 자유 무역 협정 체결로 관세사의 업무가 다양해지고 있다. 나라별로 서로 세율이 다르고, 특히 원산지 관련 업무는 매우 복잡하여 수출과 수입과 관련한 컨설팅 업무가 증가하고 있다.

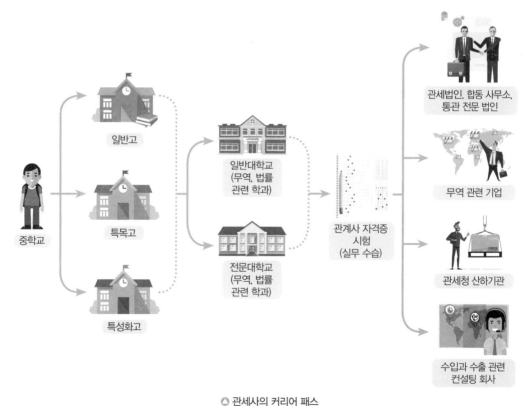

🔷 관세사의 커리어 패스

대학교 관련 학과

국제통상학과

국제 통상이란 국제 무역의 상위
개념으로 국제 무역을 포함한 국제 거래,
무역 관련 법, 경제 정책 등을 포함한다.
국제통상학과에서는 상품 및 서비스 무역의 실무
교육을 통해 상담 능력을 지닌 국제 통상 전문가
를 양성하며, 국제 환경에 적절히 대응할 수
있는 자질과 소양을 지닌 국제 비즈니스
맨과 무역 실무 전문가 양성을
교육 목표로 한다.

진출 직업

기업 인수 합병(M&A) 전문가,
경영 컨설턴트, 관세사, 회계사, 물류
관리사, 외환 딜러, 투자 분석가(애널리스트),
외교관, 국제 통상 전문가, 감정 평가사,
세무사, 금융 자산 관리사, 보험 계리사,
국제 금융 딜러, 증권 분석사, 투자 상담사,
선물 거래사, 자산 운용 전문가,
국제 공인 회계사

적성 및 흥미

숫자를 잘 다루고 빠르게
계산할 수 있는 수리 능력과 재정
관리 능력, 전산 업무 능력, 문서 작성 능력
등이 필요하다. 또한 법률적인 지식을 갖춰야
하고 외국인과 소통할 일이 많으므로 외국어
능력도 요구된다. 다양한 문화와 언어를
이해할 수 있어야 하며 사교적인
성격과 진취적인 사고를 갖추는
것이 필요하다.

관련 학과

경제통상학과,
국제경영정보학과, 국제경영학과,
국제무역통상학과, 국제비즈니스학과,
글로벌경영학과, 동북아통상학과,
물류통상학과, 아시아비즈니스학과,
중국비즈니스학과, 중국지역통상학과,
EU지역통상학과,
국제경상학과

자격 및 면허

★국내 자격★
경영지도사, 관세사, 물류관리사,
유통관리사, 외환관리사, 국제무역사,
사이버무역사, 해상손해사정사, 선물거래사,
금융자산관리사, 회계사, 보험계리사

★국제 자격★
국제재무분석사(CFA),
미국공인회계사(USCPA),
재무위험관리사(FRM),

진출 분야

★기업체★
무역 회사, 금융 회사(은행,
보험 회사, 투자금융, 증권회사 등),
운송업체, 외국인 투자 기업, 다국적 기업,
국제 기구, 해운 및 항공 회사, 물류 회사 등

★정부 관련 기관 및 공공 기관★
학계 및 연구 기관, 대한무역투자진흥공사,
한국무역보험공사, 일반 경제 부처
혹은 외교통상부

★동아리 활동★

경제 관련 용어와 상식을 알고 외국어 능력을 키우면 도움이 되므로 그와 관련된 동아리 활동을 하는 것을 권장한다.

★봉사 활동★

서류를 분류하거나 자료 통계를 산출해 보는 분야 또는 외국인을 도와주거나 민원을 접수하는 분야에서 봉사 활동을 해 보는 것을 추천한다.

★독서 활동★

경제 관련 책을 읽고, 논리적 사고력을 키울 수 있도록 한다.

★교과 공부★

외국어 실력과 수학적 사고력이 필요하므로 영어, 수학을 비롯해 업무 수행에 도움을 받을 수 있는 국어, 사회, 경제 과목을 중요하게 공부한다.

★교외 활동★

경제나 금융 관련 기관에서 진행하는 체험 활동이나 관세청 등의 견학 활동을 권장한다.

※ 영어, 수학, 국어 교과 우수상 및 외국어 관련 교내 수상, 논술이나 경제 관련 각종 공모전에 참여하는 것이 도움이 된다.

15 네트워크 엔지니어

관련 학과
전기전자공학과
128쪽

1. 네트워크 엔지니어의 세계

최근 전 세계적으로 인터넷 망이 확대되고, 국가 간 지식·정보의 교류가 크게 늘어나면서 대용량, 초고속 데이터 전송과 클라우드를 통한 데이터 공유가 보편화되고 있다. 또한 단순히 컴퓨터와 컴퓨터의 연결을 넘어 사람과 사물, 사물과 사물이 센서와 통신 기능을 내장, 상호 간 소통하고 지능형 서비스를 제공하는 사물 인터넷 기술이 확산되고 있다.

과거에는 네트워크 장비의 역할이 단순히 PC와 PC를 연결하는 데 그쳤으나, 지금은 TV, 냉장고, 세탁기 등 가전제품부터 자동차와 같은 이동 수단 그리고 시계, 스피커 등 생활 소품까지 눈 앞에 보이는 거의 모든 사물이 사물들 간에 그리고 사용자와 연결되고 있다.

이러한 발달을 가능케 하려면 네트워크를 설계, 구축하고 안정적으로 유지하는 기술이 필수적이다. 네트워크 엔지니어는 전체적인 네트워크 구축에 필요한 요구 사항과 해당 환경에 가장 적합한 네트워크 시스템을 분석하여 설계하고 구축하는 일을 한다. IT 기술이 더욱 발전하고, 다양해지고, 지능화됨에 따라 네트워크 장비를 물리적으로 구축하는 능력뿐만 아니라 정보 보호와 보안 분야의 인프라 또한 담당할 수 있는 인재를 필요로 하고 있다.

2013년 3월 20일에 발생했던 사이버 테러로 인해 금융 기관과 주요 방송사 네트워크망이 마비되어 국가 전체가 큰 혼란을 겪었다. 당시 해커 조직은 최대한 많은 내부 직원의 PC를 악성코드에 감염시켜 하드 디스크를 파괴하고 전산망을 마비시켰다. 그 결과 소비자들은 은행 거래가 중지되어 불편을 겪었으며, 혹시 자신들의 금융 정보가 잘못될까 불안에 떨어야 했다. 또한 2016년 6월에는 국내 방위 산업체(방위 산업 물자를 생산하는 업체)에 대한 공격 시도가 발생하여 더 큰 우려를 낳기도 하였다. 방위 산업체에 대한 공격은 단순 산업 기밀 유출을 넘어 국가 안보에 대한 위협이 될 수 있기 때문이다.

시간이 지날수록 이러한 공격이 잦아지고 그 수법 또한 치밀해지고 있으므로, 네트워크 엔지니어도 정보 보호와 보안과 관련된 최근 동향에 관심을 갖고 이를 꾸준히 공부해 나갈 필요가 있다. 네트워크에 있어 정보 보호와 보안 문제는 매우 중요한 쟁점으로 떠오르고 있으며, 사이버 테러를 막을 수 있는 안전한 네트워크를 설계, 구축하려면 이에 대한 지식과 경험은 반드시 필요하다고 할 수 있다.

그것이 알고 싶다 네트워크란 무엇일까?

네트워크란 넓은 의미에서 전화기, 컴퓨터, 팩스 등의 기기가 거리상 멀리 떨어져 있을 때 서로 연결해 주는 것을 말한다. 좁은 의미로는 컴퓨터들 사이에서 데이터와 자원을 서로 공유하도록 모든 컴퓨터와 주변 장치가 서로 연결된 것을 의미한다. 크기에 따라 광역 네트워크와 지역 네트워크로 나뉘며, 형태에 따라 링형, 방사형, 버스형이 있다.

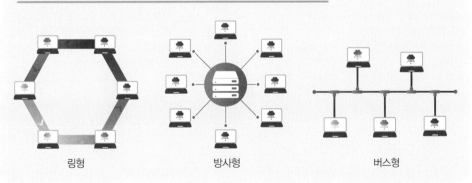

링형   방사형   버스형

 **사물 인터넷이란 무엇일까?**

사물 인터넷(Internet of Things)은 사물에 센서를 부착해 실시간으로 데이터를 인터넷으로 주고받는 기술이나 환경을 일컫는다. 지금도 인터넷에 연결된 사물은 주변에서 적잖게 볼 수 있지만 사물 인터넷이 여는 세상은 이와 다르다.

지금까지는 인터넷에 연결된 기기들이 정보를 주고받으려면 인간의 '조작'이 개입돼야 했다. 사물 인터넷 시대가 열리면 인터넷에 연결된 기기는 사람의 도움 없이 서로 알아서 정보를 주고받으며 소통하게 된다. 블루투스나 근거리 무선 통신(NFC), 센서데이터, 네트워크가 이들의 자율적인 소통을 돕는 기술이 된다.

2. 네트워크 엔지니어가 하는 일

네트워크 엔지니어는 컴퓨터 시스템이 정상적으로 작동될 수 있도록 전산망과 네트워크 관련 하드웨어 시스템을 분석하고 소프트웨어의 자원을 체계적이고 효과적으로 관리하고 운영하는 일을 담당한다.

네트워크 전체 시스템이 어떤 구조로 되어 있는지 분석하고 평가한 후 문제점과 개선점을 수립한다.

사용자의 요구 사항을 반영한 네트워크 시스템에 대한 기능성, 안정성, 확장성, 변경 가능성, 관리 용이성에 기초하여 네트워크 구조를 설계한다.

네트워크에 문제가 발생할 때, 문제의 원인을 파악하여 빠른 시간 안에 신속한 복구 대책을 수립한다.

네트워크 설계 계획서에 제시된 대로 관련 하드웨어 장비 및 네트워크 소프트웨어에 대한 조달 방안을 마련한다.

네트워크 엔지니어

네트워크 시스템에 관한 보안 정책을 세우고, 네트워크를 통한 외부의 불법 침입 행위를 방지하기 위한 기술적 보안과 관리적 보안 시스템을 설계한다.

네트워크와 관련한 최신 기술 동향 등을 지속적으로 조사하고 분석하여, 정보 기술의 변화에 빠르게 대비한다.

사용자의 컴퓨터가 네트워크에 접속하는 데 문제가 있을 경우 기술적으로 지원한다.

외부의 네트워크 망과 함께 동작하는 통신 회선(전용선, 전화망 등)에 대해 외부망 네트워크 사업자와 긴밀한 협조 하에 통신 장애를 관리한다.

네트워크에 연결된 사용자의 컴퓨터, 서버 컴퓨터, 주변 기기 등에 대해 주소 체계를 설정하고 부여한다.

네트워크 엔지니어와 관련된 직업으로는 시스템 설계자, 시스템 프로그래머, 네트워크 디자이너, 컴퓨터 시스템 설계 분석가, 데이터베이스 개발자, 네트워크 관리자, 컴퓨터 보안 전문가, 웹 엔지니어, 웹 프로그래머, 웹 마스터, 정보 시스템 운영자, 컴퓨터 시스템 감리 전문가 등이 있다.

3. 네트워크 엔지니어에게 필요한 능력

네트워크 엔지니어는 기본적으로 컴퓨터 하드웨어와 소프트웨어에 대한 풍부한 지식과 활용 능력이 있어야 하고, 분석적이고 논리적인 사고가 필요하다. 가장 최상의 상태가 유지되는 네트워크를 설계하고 문제를 해결할 수 있는 문제 해결 능력, 네트워크 설계를 요청한 고객과의 원활한 의사소통 능력이 요구된다. 또한 네트워크 설치 후에 발생할 수 있는 여러 가지 문제점을 해결해 내는 끈기도 요구된다. 업무 과정에서 다른 전문가와 협업 작업도 이루어지므로 원만한 대인관계 능력과 협동심 등을 가진 사람에게 유리하다.

4. 네트워크 엔지니어와 관련된 학과 및 자격증

- **관련 학과:** 소프트웨어공학과, 인터넷정보학과, 정보통신공학과, 컴퓨터공학과, 컴퓨터과학과, 컴퓨터소프트웨어과, 컴퓨터응용제어과
- **관련 자격:** 전자계산기기능사/기사, 정보처리산업기사/기사, 컴퓨터시스템응용기술사, 정보관리기술사, 정보통신산업기사/기사, 정보통신기사, 전자계산기제어산업기사, 네트워크관리사2급

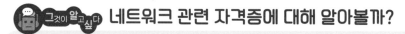

그것이 알고싶다 네트워크 관련 자격증에 대해 알아볼까?

네트워크 관리사란 서버를 구축하고 보안 설정, 시스템 최적화 등 네트워크 구축 및 이를 효과적으로 관리할 수 있는 인터넷 관련 기술력에 대한 자격이다.

네트워크 관련 국제자격증으로는 단계별로 CCNA, CCNP, CCIE가 있다. 이는 전 세계 IT 업계에서 표준으로 인정하고 있는 CISCO 사에서 발급하고 있는 자격증으로 대부분의 기업이 CISCO 사에서 만들어진 장비를 사용하고 있기 때문에 활용도가 높은 편이다.

구분	내용
CCNA	CCNA(Cisco Certified Network Associate)는 시스코의 네트워크 기술 능력을 검증하는 네트워크 관련 자격증 중에서 가장 기초적인 자격증으로, 대략 PC 100대 규모의 네트워크 망을 설치, 관리할 수 있는지를 평가한다.
CCNP	CCNP(Cisco Certified Network Professional)는 CCNA에 비해 규모가 더 큰 네트워크 망을 설치, 관리할 수 있는지를 평가하는데 대략 PC 500대 규모의 네트워크 망을 구성할 줄 알아야 한다.
CCIE	CCIE(Cisco Certified Internetwork Expert)는 세 가지 자격증 중에서 가장 난도가 높고 전문가 수준의 지식을 요구하며, CISCO의 최고 자격증으로 분류된다.

5. 네트워크 엔지니어의 직업 전망

4차 산업 혁명 시대로 진입하면서 네트워크가 정보 통신 기술이나 차세대 융합 미디어 분야에서 핵심적인 역할을 수행하며, 사회, 문화, 경제 전반에 걸쳐 큰 영향을 미치고 있다. 이러한 변화는 네트워크 엔지니어 인력 수요에 긍정적인 영향을 미칠 것으로 예상된다. 한국고용정보원에서 발표한 「중장기 인력수급 수정전망 2015~2025」(한국고용정보원, 2016)에 따르면 네트워크 엔지니어 인력 수요는 2025년까지 꾸준하게 증가할 것으로 전망하고 있다.

사물 인터넷의 확산 등으로 네트워크 대상이 사람 중심에서 사물까지 확대되어 근거리 통신망, 원거리 통신망, 다중 채널 네트워크, 유무선 네트워크 통합, 무선 네트워크의 증가, 클라우딩 시스템의 확대로 새로운 수요가 생겨나고 있으며, 관련 분야의 인력 수요 증가 및 연구 개발 투자도 빠른 속도로 투자가 늘고 있다. 미래에는 IT와 다른 산업 간의 융합으로 새로운 직업이 많이 생겨날 것이고, 특히 네트워크 관련 기술 확보나 특허와 관련된 연구 인력이 증가할 것으로 보이므로 향후 10년간 네트워크 엔지니어의 고용에 긍정적인 요소로 작용할 것이다.

네트워크 엔지니어

네트워크 엔지니어가 되기 위해서는 컴퓨터, 전자, 통신 공학 등을 전공하고, 정보관리기술사, 정보처리기사, 정보통신산업기사 등의 자격증을 취득하면 취업에 유리하다. 그렇다고 해서 비전공자의 진출이 어려운 것은 아니다. 실제로 현직에 근무하고 있는 네트워크 엔지니어 중에는 사설 학원 등에서 관련 교육을 이수하고 진출한 비전공자도 있다. 그러나 네트워크 분석 및 개발 업무를 맡기 위해서는 네트워크, 하드웨어, 소프트웨어, 프로그래밍, 프로토콜 등에 대한 충분한 이해가 필요하기 때문에 관련 분야에서 몇 년간의 경험과 훈련을 쌓은 후에 진출하는 경우가 대부분이다.

진출 분야로는 데이터베이스 관리자, 시스템 설계자, 시스템 프로그래머, 네트워크 디자이너, 네트워크 분석 엔지니어, 네트워크 개발 엔지니어, 컴퓨터 시스템 설계 분석가, 컴퓨터 프로그래머, 통신망 설계 운영 기술자, 스마트 모바일 응용 S/W 개발 분야 등이 있다. 최근에는 우리 생활과 깊은 관련이 있는 휴대용 단말기 개발 분야라든지 생활을 윤택하게 해 주는 지능형 로봇 개발 분야, 각종 정보 가전 및 홈 네트워크 시스템 개발 분야, 그 외 차량용 정보 가전, 산업, 교육 등 전 분야에 걸친 임베디드 시스템(사람이 직접 작동하지 않아도 기계가 스스로 실행할 수 있는 시스템) 소프트웨어 개발 등의 분야에서도 네트워크 엔지니어가 각광받고 있다.

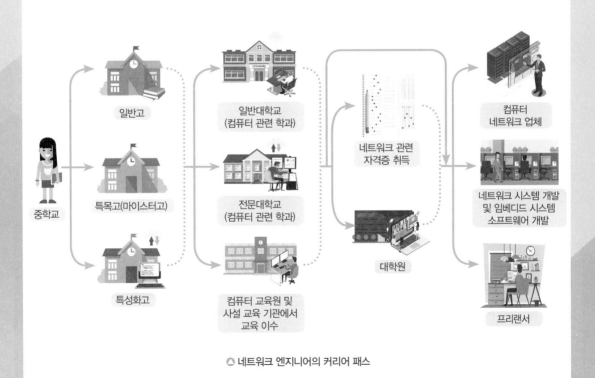

⬢ 네트워크 엔지니어의 커리어 패스

대학교 관련 학과 전기전자공학과

  **학과 소개**

전기전자공학과에서는 에너지, 통신,
컴퓨터 등 IT 전반에 걸친 다양한 전공 지식을
바탕으로 시스템을 설계하고 응용할 수 있는
실무 능력을 배양한다.
전기 에너지 및 신재생 에너지, 디지털 시스템, 전자
의료 기기, 첨단 기술과 관련된 지식을 학습한다.
정보화 사회의 핵심이 될 첨단 산업을 선도하는
전기 · 전자 · 통신 분야의 실무 능력과 창의력을
겸비하고, 미래의 기술 혁신과 융합 산업을
이끌어갈 엔지니어를 양성한다.

 **진출 직업**

무선주파수(RF) 엔지니어,
반도체 공학 기술자,
산업 공학 기술자, 스마트 그리드
연구원, 이공학 계열 교수,
전기 공학 기술자, 지능형
전력 기기 개발원

  **관련 학과**

전자전기컴퓨터공학부,
광전자공학과, 광전자디스플레이공학전공,
광전자물리학과, 디스플레이 · 반도체물리학과,
디지털디스플레이공학전공, 산업전자전기공학부,
융합디스플레이공학과, 전기전자전파공학부,
전기전자정보시스템공학부, 정보디스플레이학
과, IT전자공학과, 전기 · 정보통신공학부,
철도차량시스템공학과

 **적성 및 흥미**

수학과 물리 등 이공계 과목을 좋아
하고 수식을 계산하는 것에 능숙하며
논리력과 분석력이 있어야 유리하다.
컴퓨터와 기계를 다루는 것을 좋아하고 전기,
기계, 에너지, 통신 분야에 흥미가 있어야 한다.
기계와 시스템을 다룰 때에는 작은 오차도
허용하지 않으므로, 꼼꼼하고 철두철미하며
문제가 풀릴 때까지 파고드는 끈기와
인내력을 갖추어야 한다.

자격 및 면허

무선설비기사,
정보통신기사, 전기기사,
전파통신기사, 전파전자기사,
정보처리기사, 전기철도기사

진출 분야

★정부 및 공공 기관★
한국전력공사, 한국수자원공사, 한국전기안전공사
★기업체★
이동 통신 및 정보 통신 기기, 공장 자동화 기기 및
산업 전자 기기, 전력용 시스템 및 장비, 반도체 부품 및 시스
템, 집적 시스템 설계, 컴퓨터 시스템 및 응용,
인공 지능, 로봇 관련 제품 등을 생산하고
연구하는 기업체
★연구소★
전기 · 전자 · IT 관련 전문
연구소

★동아리 활동★

과학, 수학, 공학, 컴퓨터 관련 동아리
활동에 참여할 것을 권장한다.

★봉사 활동★

어르신이나 초등학생을 대상으로 하
는 컴퓨터 활용 교육이나 과학 실험
보조 활동을 해 볼 것을 추천한다.

★독서 활동★

공학, 컴퓨터, 4차 산업 혁명과 관련된
독서를 통해 기초 지식을 쌓도록 한다.

★교과 공부★

수학, 과학, 정보, 영어 과목에 집중하
는 것이 유리하다.

★교외 활동★

인공 지능, 신재생 에너지 등 첨단 기
술을 접할 수 있는 체험 활동 및 수
학, 과학과 관련된 캠프에 참여하는
것이 좋다.

※ 과학, 수학 교과 실적과 정보화 대회와 같은 컴퓨
터와 관련된 행사에 참여하는 것이 도움이 된다.

16 물류 관리사

관련 학과
무역학과
136쪽

1. 물류 관리사의 세계

　　자유 무역 협정 체결로 세계 각국은 무역 전쟁이라고 표현할 정도로 국가 간에 무역 거래 규모가 커지면서 활발한 교류가 이루어지고 있다. 이전과는 비교할 수 없을 정도로 물류량이 늘어나면서 각 나라에서 필요한 원자재의 수입부터 무역 화물의 수송·보관·하역·포장 등에 이르기까지, 재화가 이동하는 모든 물류 체계를 합리적으로 구축할 수 있는 물류 분야의 전문가를 필요로 하고 있다.

　　과거 우리 역사 속에서도 무역의 걸림돌을 제거하고 새로운 무역로를 개척했던 인물을 찾을 수 있는데, 신라 시대의 장보고가 바로 그 대표적인 인물이다. 육로로의 이동이 시간적으로 장애를 받고 여의치 않자 그는 해상왕이라는 이름에 걸맞게 중국과 일본을 무대로 바다를 통해 무역을 하였다. 과거 지명인 청해진을 포함해 노량진, 군포, 목포처

장보고가 해적을 소탕하기 위해 흥덕왕 3년에 완도에 세운 진

럼 지명에 '진(津)' 자와 '포(浦)' 자가 붙은 곳은 배가 들어와 무역을 했던 곳이었다. 우리 선조들은 삼면이 바다인 반도 국가의 특징을 이용해 바다를 통한 무역을 하는 지혜를 보여주었다.

우리나라는 중국과 일본이라는 두 개의 커다란 시장 사이에 놓여 있기 때문에 지정학적 위치상 국제 무역에서 중심적인 역할을 할 수 있다. 세계 경제의 중심은 아시아로 이동하고 있고, 또 그 중심에 한국, 중국, 일본이 놓여 있기 때문에 물류 산업 현장에서 전문적인 업무를 수행하는 물류 관리사의 역할이 갈수록 중요해지고 있다.

이전에는 물류 작업이라 하면 대부분 물건을 포장하고 운송하는 등의 단순한 역할을 수행하였다. 그러나 산업 자동화 시스템 및 정보 전산 시스템 구축 등 물류 분야에도 자동화 · 전산화가 이루어지면서 국내 물류 분야에서도 전용 물류 센터를 마련하여 원가를 절감하고 물류 서비스의 질을 향상시켜 경쟁력을 강화하려는 움직임이 나타나고 있다.

이제 물류는 사물 인터넷과 결합해 물류 시스템 스스로 관련된 정보를 수집하고 분석하여 최적화하는 시스템으로까지 발전하고 있다. 4차 산업 혁명이 실현되는 과정에서 물류는 무인화와 표준화를 목표로, 고객과의 의사소통을 바탕으로 고객이 원하는 방향으로 시스템을 설계하고 있다. 또한 물류 과정에서 문제가 발생했을 때 위기 상황에 대처하는 능력을 보완하여 좀 더 빠르고 정확한 서비스를 위해 발달하고 있으며, 이러한 흐름 속에서 물류 관리사의 역할이 중요해지고 있다.

그것이 알고 싶다 물류란 무엇일까?

물류(物流)란 원자재와 부자재가 생산 현장에 투입되어 공장에서 완제품을 생산하고, 이것을 출하해 최종 소비자에게 공급하게 되는 수송, 하역, 포장, 보관 등의 전 과정을 말한다.

2. 물류 관리사가 하는 일

물류 관리사는 물류에 관한 전문적인 지식을 가지고 원자재의 조달부터 물품의 생산과 보관, 포장, 가공, 유통에 이르는 전체 영역을 관리하며, 물류 체계를 합리적으로 구축하거나 이에 대한 상담과 자문 업무를 담당한다.

물류의 이동, 보관, 선적 등에 드는 시간과 노동력 및 비용을 분석한다.

경제 및 물류 산업의 변화 상황을 조사하고 분석하며, 효율적인 기업의 물류 관리 합리화 방안 등 물류 산업과 기업 물류에 대해 연구한다.

기업의 물류 관리 및 물류 지원 시스템이 가장 합리적이고 경제적으로 실행될 수 있는 방법을 설계하고 실행한다.

기업의 합리적인 물류 체계 시스템 구축 및 물류에 투입되는 비용 절감 방안 등에 대한 자문을 담당한다.

물류의 하역에서부터 포장, 보관, 수송, 유통 가공 등 물류와 관련한 전체적인 시스템을 효율적으로 관리한다.

화물 유통, 물류 체계, 물류 시설과 관련된 지식을 이해하고 이를 활용한다.

기업의 물류 비용 등을 계산하고, 연구 보고서 등 기타 서류를 작성한다.

물류 관리사와 관련된 직업으로는 물류 시스템 분석가, 물류 컨설턴트, 고객 서비스 관리자, 국제 물류 관리자, 재고 관리자, 물류 엔지니어, 물류 관리자, 물류 소프트웨어 관리자, 자재 관리자, 생산 관리자, 구매 관리자, 공급 체인 관리자, 수송 관리자, 물류 센터 운영 관리자 등이 있다.

그것이 알고 싶다 물류 시스템 분석가와 물류 컨설턴트는 무슨 일을 할까?

① **물류 시스템 분석가:** 물류의 수송부터 포장까지 전체적인 물류 체계 시스템의 과정을 파악하고, 효율적인 물류 전달 과정을 예측하고 분석하기 위해 수치화된 데이터에 기반하는 계량적인 방법을 사용한다. 이때 물류 시스템 분석가는 물류의 흐름을 파악하고 기능을 향상시키기 위해 데이터 수집과 성능 분석, 문제 파악 등을 통해 개선안을 마련하는 일을 담당한다.

② **물류 컨설턴트:** 물류 성능을 향상시키기 위해 물류 공급처의 최적화, 소프트웨어의 선정과 개발, 전략 수립, 물류 네트워크 설계 등의 프로젝트를 수행하고 관리하는 사람이다. 고객에게 물류 장비 선정과 프로세스 개선, 고객의 가치를 높일 수 있는 방법, 경쟁에서 앞서는 방법, 생산성을 향상시키는 방법 등에 대한 도움을 준다.

3. 물류 관리사에게 필요한 능력

물류 관리사는 물류의 생산, 보관, 포장, 가공, 유통의 모든 과정에 안정적인 물류 시스템이 운영되도록 감독 관리하고, 물류 시스템의 문제점을 찾아내고 개선하기 위해 새로운 물류 전략을 기획하고 수립해야 하기 때문에 정보 수집 능력과 분석 능력이 요구된다. 물류 시스템을 분석하는 과정에서 가장 최상의 조건을 갖춘 대책을 마련하려면 창의적이고 개방적인 사고력과 함께 통찰력도 갖추어야 한다. 또한 자신이 마련한 계획안을 실행에 옮길 수 있는 추진력과 고객을 설득할 수 있는 논리적 언어 능력, 의사소통 능력도 요구된다. 자신이 맡은 업무를 정해진 기간 안에 달성할 수 있는 책임감과 성실성, 물류 유통 과정에서 전체적인 과정을 꼼꼼히 관찰할 수 있는 능력도 갖추는 것이 좋다.

물류 관련 분야는 국내보다 국외에서 훨씬 발달되어 있어 외국 자료를 접할 일이 많으므로 영어를 비롯한 외국어 실력을 쌓는 것이 필요하다.

4. 물류 관리사와 관련된 학과 및 자격증

- **관련 학과:** 무역학과, 물류시스템공학과, 유통경영과, 유통학과, 물류학과, 경영학과, 무역 · 유통학과, 산업공학과, 지상교통공학과
- **관련 자격:** 물류관리사, 유통관리사, 보세사, 생산재고관리사(CPIM), ERP물류정보관리사

그것이 알고싶다 물류 관련 자격증에는 어떤 것이 있을까?

① **유통관리사:** 유통관리사 시험은 소비자와 생산자 간의 커뮤니케이션, 소비자 동향 파악 등 판매 현장에서 활약할 전문가의 능력을 평가하는 국가자격시험이다.

② **생산재고관리사(Certification Production and Inventory Management):** CPIM이란 1973년 미국생산재고관리협회(APICS)에서 시작된 생산 재고 관리 종사자들의 능력을 평가하는 자격을 말한다. CPIM이 되려면 미국 APICS에서 출제하고 한국 KPICS에서 주관하는 시험에 합격해야 한다.

5. 물류 관리사의 직업 전망

물류 산업은 국가 간의 무역 거래가 활발해지면서 국내뿐만 아니라 국제적으로도 활동 무대가 확대되고 있으며, 특히 장거리 물류 산업은 그 과정에서 여러 가지 변수를 고려해야 하기 때문에 보다 전문적인 능력을 갖춘 물류 전문가가 필요하다.

우리나라의 경우 동북아 물류 허브 건설을 국가적 차원에서 중점적으로 추진하고 있으며, 일반 기업에서도 기업 경영에서 물류가 차지하는 중요성이 날로 증가하고 있다. 단순히 제품을 공급하는 차원에서 벗어나 물류 합리화를 통해 생산성 높은 물류 프로세스와 시스템을 도입할 수 있도록 전문 물류 관리사를 채용하고, 물류 전담 부서 또는 물류 연구소를 운영하는 곳도 늘어나고 있다.

> Hub: 중심지

최근에는 **3PL(Third Party Logistics)** 분야가 활성화되면서 이를 담당할 물류 관리사의 수요도 늘어나고 있다. 따라서 향후 물류 관리 전문가의 수요는 늘어날 것으로 보인다. 다만, 인력에 대한 지원과 투자 증가로 향후 전문 인력 배출이 늘어나 치열한 경쟁이 예상된다. 현재 미국이나 유럽을 비롯한 물류 선진국에서 물류 관리사는 고액 연봉을 받고 있는 전문가 직업에 속한다.

> 물류 관련 비용을 절감하기 위해 제품 생산을 제외한 물류 부문의 전부 혹인 일부를 물류 전문 업체에 위탁하는 것

21세기를 맞아 국내는 물론 국제적인 제조업체, 유통업체, 물류업체, 항공사, 해운선사, 컨설팅 등 물류 관련 기업체와 정부 기관 및 국영 기업체, 국책 연구원 및 대기업 연구소 등 다양한 분야에서 물류 및 경영 전문가를 필요로 하고 있다. 국제공인자격인 국제물류전문가(CPL: Certified Professional Logistician), 생산재고관리사, 구매공급전문가(CPSM: Certified Professional in Supply Management), e-비즈니스 국제자격 등 다양한 국내외 자격을 취득해 미래를 대비해야 한다.

최근에는 국제항공사들의 협회인 국제항공운송협회IATA(International Air Transport Association)에서 IATA항공물류국제공인자격증(IATA Diploma in Cargo Introductory Course)을 취득할 수도 있다. 국제 물류량은 계속 증가될 것이며 이러한 자격을 취득하면 무역회사, 물류회사, 관세사 사무소 등 무역 관련 직종에서 우대받을 수도 있다.

물류 관리사

　물류 관리사가 되기 위해서는 전문 대학이나 대학의 무역, 물류 및 유통 관련 학과를 졸업하는 것이 유리하다. 물류 관리사의 중요한 업무가 물류 사업과 관련해서 물류 전반에 대한 표준화나 자동화 등을 계획하고 조사, 연구, 진단, 평가 및 자문 등의 업무를 해야 하기 때문에 물류 관리사 자격증 취득이 필수다. 20세 이상의 대한민국 국민이라면 누구나 물류 관리사 자격시험에 응시할 수 있다. 물류 관련 특성화 고등학교를 진학하여 관련 학과를 졸업한 후 시험에 응시할 수도 있으며, 대학에서 산업 공학이나 무역학, 물류 시스템 공학, 유통학, 유통 경영학, 물류학과 같은 관련 분야를 전공하면 자격증 취득에 유리하다. 대학원에서 물류 관련 해당 과목을 모두 이수(학점을 취득한 경우로 한정)하고 석사 학위 이상의 학위를 받은 자는 시험 과목 중 물류 관련 법규를 제외한 나머지 과목의 시험을 면제받기도 한다.

　기업에서 운영하는 부설 연구소나 컨설팅 업체, 정부 기관에 물류 관련 연구원으로 들어가고자 할 때는 관련 분야의 석사 학위 이상을 요구한다. 물류 관련 정부 투자 기관이나 공사, 운송·유통·보관 전문회사, 대기업 또는 중소기업의 물류 관련 부서(물류, 구매, 자재, 수송 등), 물류 연구 기관에 취업이 가능하다. 제조업이나 백화점, 대형마트, 제약사와 같은 유통 및 물류, 일반 은행부터 보험사, 투자 자문회사 등의 금융업, 외식업체, 항공사, 컨설팅 등의 서비스업까지 다양한 분야로 진출이 가능하다.

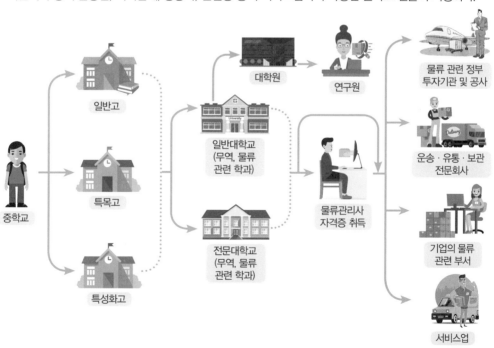

🔵 물류 관리사의 커리어 패스

무역학과

학과 소개

무역학은 국제 무역, 국제 금융, 국제
통상, 국제 경영, 무역 상무 및 전자 무역
등에 관한 연구를 통해 경제 발전을
이루고자 하는 학문이다.
무역학과에서는 경제학의 기본 원리에서부터
국제 경제학, 국제 기업 경영 및 무역 실무
등을 배워 다양한 국가와의 대외 무역을
주도하며 경제 발전에 이바지할 수
있는 인재를 양성한다.

진출 직업

기업 인수 합병(M&A) 전문가,
경영 컨설턴트, 관세사,
물류 관리사, 외교관, 외환 딜러,
투자 분석가(애널리스트),
국제 무역 전문가, 세무 공무원,
손해 사정사

적성 및 흥미

무역학은 세계 시장을 연구
대상으로 하는 학문이기 때문에 영어 등
외국어 능력이 중요하다. 특히 국제 무역 및
통상과 관련된 국제적 흐름에 지대한 관심이
있어야 하고, 균형 잡힌 시각으로 해석할 수
있는 능력이 요구된다.
전 세계를 상대로 비즈니스를 하기 위해
서는 적극적이고 도전적인 성격 및
개척 정신이 필요하다.

중·고등학교
학교생활 포트폴리오

자격 및 면허

경매사, 경영지도사, 관세사,
물류관리사, 보세사, 사회조사분석사,
유통관리사, 전자상거래관리사,
전자상거래운용사, 국제무역사,
외환관리사, 증권분석사,
무역영어검정(1급, 2급, 3급)

진출 분야

★기업체★
종합상사 등 무역 회사, 유통 회사,
물류 회사, 해운 회사, 해외 현지 기업

★언론사 및 연구소★
신문사, 잡지사, 방송국, 국제 경제/무역/
사회 과학 관련 국가 · 민간 연구소

★정부 관련 기관 및 공공 기관★
중앙 정부 및 지방 자치 단체,
무역 · 수출입 관련 공공 기관

관련 학과

국제무역물류학과, 국제무역
학과, 무역유통학과, 무역통상학과,
무역학과, 국제물류무역학과,
물류무역학과, 해운항만물류학과,
무역경제학과, 무역물류학과,
국제무역 · 마케팅학부

★동아리 활동★

경제 및 경영 또는 외국어 회화 관련
동아리 활동을 권장하며, 각종 교내
행사 시 벼룩시장 형태의 물품 판매
활동을 해 보는 것도 좋다.

★봉사 활동★

돌봄 활동(장애인, 독거노인 등에게
도시락 배달), 환경 정화 활동, 업무
보조(사서 보조, 서류 정리) 등의 봉사
활동을 권장한다.

★독서 활동★

경제, 경영, 사회, 지리, 역사, 세계사,
디자인 등 폭넓은 분야의 다양한 독
서를 통해 기본 소양을 키운다.

★교과 공부★

국어, 영어와 제2외국어, 수학(통계),
사회(법과 정치) 과목을 중점적으로
공부한다.

★교외 활동★

코엑스나 킨텍스 등에서 열리는 국
제 무역 박람회나 무역 및 경영 관련
세미나에 참여해 보는 활동을 권장
한다.

※ 영어, 수학(통계), 정보, 사회 교과 우수상 및 경제
  관련 교내 및 교외 수상 실적이 도움이 된다.

17 법무사

관련 학과
법학과
144쪽

1. 법무사의 세계

집과 같은 부동산을 사고팔 때 일반 물건과 다른 점은 이 집이 나의 것이라는 소유권을 표시하기 위해서 법정 절차에 따라 등기부에 내 것이라는 내용을 적어야 한다는 것이다. 이것을 등기라고 하는데 집이나 땅과 같은 부동산은 등기를 통해 해당 물건이 자신의 소유라는 것을 공개적으로 게시해야 그 권리를 보장받는다.

> 부동산, 동산 등의 담보 따위에 관한 권리 관계를 적어 두는 공적 장부

소유권 이전 등기를 하려면 복잡한 법률관계를 알아야 하고 필요한 서류를 준비해서 공공 기관을 방문해야 하는데, 이런 등기와 관련한 서류 작성과 제출 대행 업무를 하는 전문가가 바로 법무사이다.

얼마 전 국토교통부에서 발표한 '2017년도 주거실태조사' 결과를 보면 수도권에서 2년 안에 이사를 하는 가구가 40%나 된다. 부동산 등기 신청 건수를 보면 한 해에

1,000만 건이 넘어 등기 시장의 규모가 1~2조 원 정도로 크며, 등기와 관련한 업무가 법무사의 업무 중 가장 큰 비중을 차지하고 있음을 알 수 있다.

이러한 등기 업무 이외에도 법무사는 생활 속에서 일어나는 여러 법률문제에 대한 상담을 하고 일반인이 어려워하는 법률 서류를 작성하는 데 도움을 주는 생활 법률 전문가이다. 1990년까지는 사법서사법에 따라 '사법서사'라고 불렸으나, 1990년에 제정·공포된 법무사법에 따라 '법무사'로 명칭이 바뀌었다.

2. 법무사가 하는 일

법무사는 일반인이 잘 몰라서 어려워하거나 시간이 없어 처리하지 못하는 등기 업무를 대신해 주거나, 법원이나 검찰청에 내는 서류를 대신 작성하고 제출해 주는 법률 전문가이다. 이뿐만 아니라 출생이나 결혼, 사망과 같은 가족 관계 등록에서부터 상속, 소송 등과 같이 일상생활에서 일어나는 다양한 법률문제에 대해 상담과 자문을 하기도 한다.

고객(의뢰인)이 법률문제나 절차에 대해 문의하면 법률 상담을 해 주고 사건을 의뢰하면 내용을 접수한다.

등기 업무를 의뢰받으면 등기부를 살펴보고 해당 부동산과 관련한 모든 사항을 낱낱이 확인한다. 고객을 대신하여 등기 신청서를 작성하고 등기소에 서류를 제출한다.

소송, 경매, 공탁, 가족 관계 등록, 개인 회생 및 파산 등 법원과 검찰청에 제출하는 서류를 작성한다. 고객을 대신하여 작성한 서류를 관련 기관에 제출하고 절차를 대행한다.

법무사는 고액의 수임료를 받는 변호사에게 사건을 의뢰하기 어려운 서민들이 좀 더 친근하고 쉽게 다가갈 수 있는 법률가이다. 어려움에 처한 고객의 문제를 상담하여 재판에서 원하는 결과를 얻어 고객이 기뻐하며 감사의 인사를 할 때 보람과 의미를 느낀다. 법무사는 법을 잘 몰라서 억울한 일을 당하거나 피해를 입은 이들에게 법률 상담을 해 주고 이를 통해 고객을 도울 수 있기에 뿌듯함과 함께 사명감을 갖는다.

법무사는 사무실에서 주로 고객과 상담하고 법원이나 검찰청에 제출할 서류를 작성한다. 근무 시간은 상당히 규칙적인데, 일의 특성상 법원과 검찰청의 업무 시간과 비슷

하다. 일이 많거나 급히 처리해야 할 경우 늦게까지 일을 하기도 한다. 사안이 복잡한 사건의 서류를 작성할 때는 정신적인 스트레스를 많이 받기도 한다.

법무사와 관련된 직업으로 판사, 검사, 변호사, 변리사, 행정사 등이 있다.

그것이 알고 싶다 **법률 전문가와 함께 일하는 사무원에 대해 알아볼까?**

법률 관련 사무원은 법률 사무소에서 법률과 관련한 전문적인 사무 업무를 한다. 법무사나 변호사, 변리사 등의 법률 전문가보다 먼저 의뢰인을 만나 상담하고 사건과 관련한 내용을 모아 자료를 만든다.

법률 관련 사무원에는 변호사나 법무사 사무실 등에서 등기, 등록, 소송 등 법률문제와 관련한 전문적인 사무 업무를 하는 법무(사) 사무원이 있다. 이와 함께 변리사 사무실 등에서 특허권의 출원·등록 등 특허와 관련한 전문적인 사무 업무를 하는 특허 사무원이 있다.

3. 법무사에게 필요한 능력

법무사는 법을 다루기 때문에 법률과 절차에 대한 전문적인 지식은 필수적이다. 작성된 서류에 사소한 실수라도 있을 경우 일이 진행이 안 되거나 잘못된 결과가 나올 수 있으므로 매사에 철저하고 꼼꼼해야 한다. 고객을 대신하여 법원이나 검찰청에 제출할 서류를 작성하기 위해서는 의사소통 능력과 글쓰기 능력이 중요하다. 고객과 상담하면서 고객이 처한 상황을 정확하게 파악하여 문제의 핵심을 찾고 이를 바탕으로 서류를 작성해야 사건을 잘 해결할 수 있기 때문이다. 무엇보다 인내심을 가지고 고객의 이야기를 듣고 고객의 입장에서 해결 방안을 찾아보려는 마음 또한 중요하다.

대인 관계 능력도 필요하다. 소송과 같이 업무상 이해관계가 얽혀 있는 사람들을 대해야 하기 때문에 원만한 성격이 일을 하는 데 도움이 된다. 이와 함께 일반인이 잘 알지 못하는 법과 관련한 일을 하기 때문에 직업윤리 의식을 가지고 정직하게 업무를 해야 한다.

4. 법무사와 관련된 학과 및 자격증

- **관련 학과:** 법학과, 행정학과, 공법행정학과, 법무행정학과, 국제법무학과, 경찰행정학과, 경찰법학과 등
- **관련 자격:** 법무사, 변호사

그것이 알고 싶다 법무사와 변호사의 차이점은 뭘까?

법무사와 변호사 모두 돈을 받고 법률 상담을 할 수 있고, 의뢰인을 대신하여 등기 업무가 가능하며, 법원이나 검찰청에 제출하는 서류를 만들거나 대신 제출하는 측면에서 하는 일이 비슷하다.

다만 변호사는 소송대리권이라 하여 의뢰인을 대신하여 재판에 나갈 수 있고 법정에서 변론할 수 있으나, 법무사에게는 그런 권한이 없다는 것이 가장 큰 차이점이다.

5. 법무사의 직업 전망

경제 규모가 커지고 여러 이해관계가 늘어나면서 민원과 소송이 증가하고 있다. 과거와 달리 공동체가 파괴되고 사람들 간의 결속력이 약화되면서 작은 다툼이나 분쟁도 법으로 해결하려는 경향이 커졌다. 이에 각종 생활형 소송이 점점 늘어나 소송 공화국이라는 말이 나올 정도이다. 이런 이유로 법률 서비스를 제공하는 법무사에 대한 수요는 증가할 전망이다.

하지만 법무사의 업무 중 가장 큰 비중을 차지하는 부동산 등기 관련 업무는 부동산 경기에 영향을 많이 받아 부동산 경기가 나빠지면 확연히 의뢰 건수가 줄어든다. 이와 함께 법률전문대학원이 생기면서 비슷한 업무를 하는 변호사의 수 또한 증가하고 있으며, 한미 자유 무역 협정 (FTA)으로 법률 시장이 개방되어 외국 로펌이 들어오면서 법무사의 입지가 좁아지고 있는 상황이다.

이와 더불어 정부에서는

전자 등기와 전자 소송을 도입하고 법률 서비스 절차를 간소화하고 있어, 인터넷을 통해 법률 지식을 쌓아 법무사의 도움 없이도 관련 서류를 처리하는 사람들이 늘어나고 있다. 이른바 셀프 등기의 활성화로 법무사의 주요 수입원이었던 등기 관련 업무가 눈에 띄게 줄고 있다.

더 나아가 대법원은 2024년을 목표로 인공 지능 법률 서비스인 '차세대 전자 소송 시스템'을 구축하고 있다. 이제 스마트폰만 있으면 법원에 가지 않고도 집에서 재판을 할 수 있고, 소송 서류를 준비하러 여기저기 다닐 필요 없이 클릭 몇 번으로 서류 준비를 끝내며, 궁금한 점은 인공 지능 챗봇이 24시간 대답해 주는 시대가 곧 열릴 것이다. 전반적으로 봤을 때 법률 서비스 수요는 늘어나지만 이를 변호사나 인공 지능이 대체할 가능성이 커서 법무사의 수요는 현 상태를 유지하거나 감소할 것으로 전망된다.

 ## 셀프 등기에 대해 알아볼까?

그동안은 주택을 구입한 후 대행 수수료를 내고 법무사를 통해 소유권 이전 등기를 하는 것이 일반적이었지만 최근 들어서는 분위기가 바뀌었다. 수수료를 아끼기 위해 다소 품이 들더라도 혼자 힘으로 등기를 하려는 사람들이 늘고 있다.

등기를 위해서는 17종에 달하는 서류를 준비한 뒤 은행, 구청 등을 방문해야 하는데, 인터넷 검색 창에 '셀프 등기'를 치면 직접 셀프 등기를 해 본 후기와 함께 준비해야 하는 서류와 절차가 자세히 안내되어 있다. 또한 일부 구청에서는 셀프 등기를 하려는 사람들을 위한 안내 데스크도 운영 중이다. 이러한 도움을 받으면 혼자서도 충분히 등기를 할 수 있다.

여기에 셀프 등기를 돕는 앱도 등장했다. 이 앱은 법무사가 셀프 등기를 일정 부분 돕는 형태로, 대한 법무사 협회 기준에서 제시한 등기 비용보다 크게는 50%가량 절감된 금액을 제시한다.

셀프 등기를 하면 수수료를 아낄 수 있다는 장점이 있다. 하지만 일부 서류가 누락되거나 필요한 문서 작성에 오류가 있을 경우 등기가 정상적으로 되지 않을 수도 있기 때문에 셀프 등기를 할 계획이 있다면 사전에 충분히 준비를 해야 한다.

법무사

법무사가 되기 위해서는 대법원에서 실시하는 법무사 시험에 합격하거나 변호사 자격을 취득해야 한다. 법무사 시험은 학력, 경력, 연령 등 특별한 제한이 없지만 법무사 시험 과목이 헌법, 민법, 형법 등 대부분 법학이므로 대학에서 법학 관련 학과를 전공하는 것이 유리하다. 2017년부터 면접 전형이 없어지고 1차 시험과 2차 시험으로 구분하여 실시하고 있다.

법원, 헌법재판소, 검찰청의 관련 공무원으로 10년 이상 근무한 경력이 있으면 1차 시험을 면제받는다. 법원, 헌법재판소, 검찰청의 관련 공무원으로 5급 이상의 직에 5년 이상, 혹은 7급 이상의 직에 7년 이상 근무한 경력이 있으면 1차 시험 전체와 2차 시험의 일부 과목을 면제받는다.

법무사 시험에 합격하면 대한법무사협회에서 이론 교육(3주)과 실무 수습(9주)의 연수 교육을 받아야 한다. 연수 후에 대한법무사협회에 등록을 하면 법무사로 활동할 수 있다. 법무사로 등록하면 보통 법무사 사무소나 기업체 법무 팀, 법률 관련 부서, 각 지역의 법무사 협회에 취업하거나 개인 사무소 혹은 2명 이상의 법무사로 구성된 합동 사무소를 개설하기도 한다.

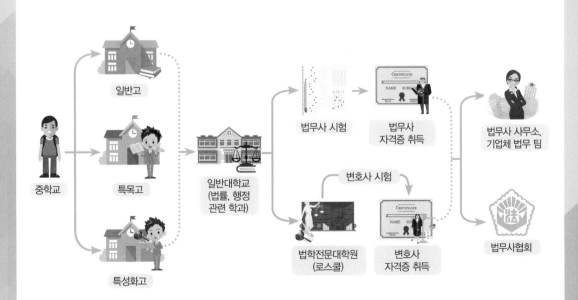

일반고

특목고

중학교

특성화고

일반대학교
(법률, 행정
관련 학과)

법무사 시험

법무사
자격증 취득

법무사 사무소,
기업체 법무 팀

변호사 시험

법학전문대학원
(로스쿨)

변호사
자격증 취득

법무사협회

◯ 법무사의 커리어 패스

대학교 관련 학과

법학과

학과 소개

법학과에서는 사회 정의와 평화를
실현하고 사회 질서를 유지하기 위해 법의
이론적인 면과 실천적인 면을 탐구하고
법률에 대해 전문적으로 연구한다.
깊이 있는 법학 이론과 적용에 관한 교육을
바탕으로 현실 상황에서 나타나는 복잡한
분쟁을 전문적인 지식과 능력으로 해결
할 수 있는 우수한 법조인을
양성한다.

진출 직업

변호사, 법무사, 법률 관련 사무원
(법무 및 특허 사무원), 법원, 입법,
행정 공무원, 판사, 검사, 변리사, 검찰
수사관, 감사, 관세 행정, 조세 행정
사무원, 감정 평가사, 관세사, 노무사,
세무사, 법학 연구원, 손해
사정사, 신문 기자

적성 및 흥미

법학은 실생활에 적용되는 응용
학문적인 성격이 강하여 공정한 판단력과
논리적 · 분석적 사고력, 자신의 주장을
정확하게 전달하는 표현력이 있으면 도움이
된다. 이와 함께 사회 문제에 관심을 가지고
깊게 이해하는 것이 중요하다.
많은 양의 법조문을 익히고 판결문을 작성
해야 하기 때문에 끈기와 함께 논증적
글쓰기 능력이 필요하다.

관련 학과

공법행정학과, 법무행정학과,
국제법무학과, 경찰행정학과,
경찰법학과, 공공인재법학과,
지식산업법학과, 과학기술법무
전공, 공무원법학과, 공무원
법률행정학과

중·고등학교
학교생활 포트폴리오

변호사, 법무사,
변리사, 세무사, 관세사,
손해평가사, 감정평가사,
공인중개사,
공인노무사

★기업체★
기업체 법무 팀, 언론사, 변호사/세무사/법무사/
공인 노무사 사무실

★연구소★
한국형사정책연구원, 한국법제연구원, 서울국제법연구원

★정부 및 공공 기관★
법무 행정직, 검찰 사무직, 마약 수사직, 보호 관찰직, 교정직,
소년 보호직, 출입국 관리 사무소, 교도소, 구치소,
보호 감호소, 보호 관찰소, 소년원, 대한법률구조공단,
한국법무보호복지공단

★학계 · 교육계★ 대학

★기타★ 국제기구

진출 분야

★동아리 활동★

사회 문제에 관심을 가지고 시사 탐구반, 토론반과 같은 동아리 활동을 통해 다른 사람의 의견을 듣고 자신의 생각을 표현하며 주제별로 의견을 정리해 보는 활동을 추천한다.

★봉사 활동★

독거노인 돌봄, 저소득층 자녀 멘토링, 민원 접수 활동 등과 같은 봉사 활동을 꾸준하게 할 것을 권장한다.

★독서 활동★

법, 사회, 철학 등 사회 과학 관련 책을 통해 사고의 깊이를 더하고, 이를 바탕으로 주변의 사회 현상을 자신의 관점으로 정리해 보는 시간을 자주 갖는다.

★교과 공부★

국어, 영어, 사회, 통합사회 관련 교과에 집중하여 공부하고 실력 향상에 힘쓴다.

★교외 활동★

모의 법정 체험, 법원 견학과 같이 전공과 관련한 진로 체험과 대학에서 진행하는 전공 체험 프로그램에 적극적으로 참여해 본다.

※ 국어, 사회 관련 교과 수상 경력이나 토론 대회, 논술 대회 등의 수상 실적이 도움이 된다.

18 변리사

관련 학과
지식재산학과
152쪽

1. 변리사의 세계

　전화기를 처음 만든 사람이 누구인지 물어보면 대부분 알렉산더 그레이엄 벨이라고 대답한다. 하지만 처음 전화기를 만든 사람은 이탈리아의 안토니오 무치이다. 그는 벨보다 16년이나 먼저 전화기를 발명했지만 가난해서 특허를 낼 돈이 없었다. 그래서 1년짜리 임시 특허를 냈으나 특허 취득 비용과 갱신료가 없어 결국 스스로 권리를 포기하였다.

　엘리샤 그레이라는 사람도 전화기를 발명하였다. 엘리샤 그레이는 특허 신청서를 냈으나 이미 2시간 전에 벨이 특허 신청을 하는 바람에 발명 특허를 얻지 못했다. 이에 반해 벨은 발명 특허를 내고 유명해졌으며 전화기를 발명한 업적으로 상과 상금을 받아 연구소까지 세웠다.

핵심 기술이 기업의 존립을 결정하는 21세기 지식 기반 사회에서 지식재산권의 중요성은 갈수록 높아지고 있으며, 새로운 기술에 대한 특허권은 기업을 지키고 나아가 국가 경쟁력을 좌우하기도 한다. 지식재산권의 가치가 점점 중시되는 현실에서 기업이 특허를 받을 수 있게 도와주고 특허 권리를 지켜 주는 전문가가 바로 변리사이다.

특허를 뜻하는 'patent'의 어원은 '공개'라는 의미이다. 14세기 영국에서는 특허권을 부여할 때 다른 사람이 볼 수 있도록 공개하여 특허증서를 '공개한 문서'라고 하였다. 지금처럼 문서의 형식을 갖춘 특허법은 1623년 영국에서 만들어졌다. 그 당시 영국은 유럽 대륙의 나라보다 기술이 떨어졌는데 기술을 발전시키기 위해 기술자에게 특허를 통해 독점권을 주자 많은 기술자들이 영국으로 와서 자신들의 노하우를 문서로 공개하고 독점권을 가져갔다. 기술자와 기술이 모이면서 방적기와 증기 기관이 만들어지고 이를 토대로 산업 혁명이 일어나게 되었다. 이처럼 특허의 본래 목적은 '새로운 기술을 대중에 공개하여 보다 많은 사람이 활용하는 것'에 있으며, 특허는 기술의 발명자를 확인시켜 주는 공증 문서이다.

그것이 알고 싶다 지식재산권이란 무엇일까?

지식재산권이란 지적 활동으로 얻은 창작물로서 경제적 가치가 있는 '지식재산'에 대한 법적인 권리를 말한다. 즉 새롭게 만든 창작물을 다른 사람이 함부로 베껴 사용하지 못하게 법으로 보호하는 것이다.

지식재산권에는 산업재산권, 저작권, 신지식재산권이 있다. 산업재산권에는 발명 수준이 높은 창작으로서 대발명, 핵심 기술이라고 하는 특허권과 물품의 모양·구조·조합의 창작으로서 소발명, 개량 기술이라고 하는 실용신안권, 독창적인 디자인을 말하는 디자인권, 기호·문자·도형 등을 결합한 상호·마크를 가리키는 상표권이 있다.

이 밖에 사람의 사상, 감정 등을 표현한 창작물에 대한 권리인 저작권, 새로운 지식재산에 대한 권리인 신지식재산권이 있다.

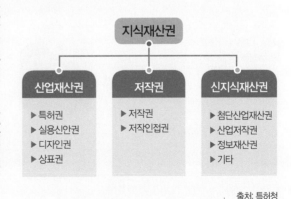

출처: 특허청

그것이알고싶다 특허 괴물에 대해 알아볼까?

특허 괴물(Patent Troll)이란 개인이나 기업으로부터 특허 기술을 사들이고 보유한 특허를 이용하여 제품을 생산하지 않고, 타인에게 라이선싱 또는 판매 등의 거래를 통해 로열티를 받거나 특허 소송을 통해 이익을 창출하는 회사를 일컫는다. 이런 회사를 특허 전문 회사 또는 지식재산 관리 회사(NPE: Non-Practicing Entities)라고도 한다.

특허 괴물에 대해서는 개인 발명가의 권리를 보호하고 신기술의 라이센싱을 촉진한다는 긍정적인 측면도 있지만, 특허 소송 증가로 인해 특허 제품의 생산 비용이 증가하고, 특허 발명의 불실시로 인해 기술 발전이 저해된다는 부정적인 면이 우려되고 있다.

특허 제도는 발명의 보호를 통해 산업 발전을 도모하는 것을 목적으로 하는데, 이러한 특허 괴물에 의해 오히려 산업 발전이 저해되는 문제가 심각해지고 있는 것이 현실이다.

2. 변리사가 하는 일

변리사는 발명자가 만든 새로운 물품이나 기술, 디자인 등에 대해 권리를 가질 수 있도록 상담을 통해 도움을 주는 법률 전문가이다. 또한 특허를 받을 수 있게 해 주거나 특허 분쟁이 있을 경우 소송을 대행하기도 하며, 지식재산권을 등록해 주고 보호해 주기도 한다. 변리사의 업무는 크게 특허청에 특허를 받기 위해 신청하는 특허 출원 업무와 특허와 관련된 다툼에서 변호 일을 하는 분쟁 업무로 나눌 수 있다.

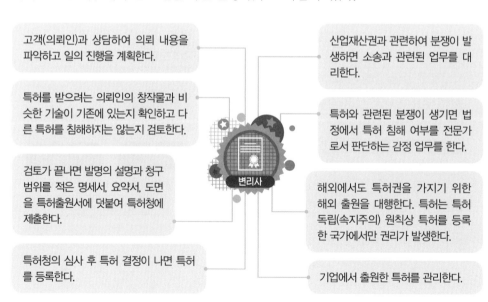

고객(의뢰인)과 상담하여 의뢰 내용을 파악하고 일의 진행을 계획한다.

특허를 받으려는 의뢰인의 창작물과 비슷한 기술이 기존에 있는지 확인하고 다른 특허를 침해하지는 않는지 검토한다.

검토가 끝나면 발명의 설명과 청구 범위를 적은 명세서, 요약서, 도면을 특허출원서에 덧붙여 특허청에 제출한다.

특허청의 심사 후 특허 결정이 나면 특허를 등록한다.

산업재산권과 관련하여 분쟁이 발생하면 소송과 관련된 업무를 대리한다.

특허와 관련된 분쟁이 생기면 법정에서 특허 침해 여부를 전문가로서 판단하는 감정 업무를 한다.

해외에서도 특허권을 가지기 위한 해외 출원을 대행한다. 특허는 특허 독립(속지주의) 원칙상 특허를 등록한 국가에서만 권리가 발생한다.

기업에서 출원한 특허를 관리한다.

변리사

변리사는 의뢰인이 힘들게 개발한 기술이 특허를 통해 빛날 때 보람을 느낀다. 중소기업이 특허를 바탕으로 발전할 때 더 큰 기쁨이 있다. 또한 특허를 통해 첨단 기술을 보호함으로써 국가 산업 발전과 국가 경쟁력에 이바지하기에 자부심과 뿌듯함을 느낀다.

변리사는 협업보다 개인적으로 진행하는 업무가 많고 직무 자율성이 높다. 주로 사무실 안에서 근무를 하는데 업무 강도가 센 편이다. 첨단 분야의 기술을 이해하기 위하여 새로운 논문을 보고 전문 분야와 인접한 기술에 대한 지식 등을 끊임없이 쌓아  야 하고, 국내외 관련법과 판례도 알아야 하기 때문에 정신적인 스트레스가 크다. 특허를 신청하기 전에 기존에 비슷한 기술이 있는지 확인하는 것도 전 세계를 대상으로 찾아야 하므로 쉽지 않다.

변리사와 관련된 직업으로 변호사, 저작권 에이전트, 특허청 심사관, 특허청 심판관, 법무사 등이 있다.

그것이 알고싶다 저작권 에이전트에 대해 알아볼까?

스포츠 선수가 소속 팀을 바꿀 때 협상을 대리하는 스포츠 에이전트가 그 일을 대신하여 처리하듯이 저작권 에이전트는 책을 쓰는 작가의 계약을 대신하고 저작권을 관리하는 일을 한다. 우리나라에서는 주로 외국 책을 수입하거나 우리나라에서 만든 책을 수출하는 일을 저작권 에이전트가 작가와 출판사를 대신하여 담당하고 있다. 저작권 에이전트는 한마디로 출판물 저작권 중개상이라 할 수 있다.

저작권 에이전트가 되기 위해서는 특별한 자격이나 전공이 필요하지 않다. 다만 책을 제대로 이해해야 하고, 고객과 깊이 있는 대화를 하기 위해 한국어와 관련 외국어를 잘 해야 한다. 이와 함께 좋은 책을 알아보는 안목과 협상 능력이 중요하다.

3. 변리사에게 필요한 능력

평소 발명에 관심이 있거나 새로운 것에 호기심이 많을수록 좋다. 기술을 많이 다루기 때문에 해당 분야의 공학적 지식을 기본적으로 알아야 한다.

특허를 내기 위해서는 논리적인 분석력이 필요하다. 발명자의 창작물을 이해해야 하고, 발명자의 기술이 기존의 많은 기술과 어떤 차이점이 있는지 논리적으로 분석하여 찾아내야 한다.

이와 함께 특허 등록을 위해서는 많은 서류를 작성해야 하므로 글쓰기 능력이 중요하다. 발명자가 어려운 전문 용어와 공식으로 창작물에 대해 설명하면 변리사는 특허 심사관이나 판사가 이해할 수 있도록 쉽고 일반적인 언어로 바꿔서 표현해야 한다. 무엇보다 특허 명세서에 해당 기술을 어떻게 표현하느냐에 따라 특허권의 폭과 깊이가 달라지기 때문에 글쓰기 능력이 중요하다.

해외에 비슷한 기술이 있는지 조사하기 위해 외국어 능력은 기본이다. 국제 특허 업무도 늘어나고 있어 이제 외국어 실력은 필수이다.

이 밖에 의뢰인을 이해하고 배려하는 자세가 필요하고 여러 사람을 대하기 때문에 대인 관계 능력도 요구된다. 또한 특허를 받기 위해서는 정해진 날짜에 업무를 마쳐야 하기 때문에 책임감이 강하고 성실해야 한다.

4. 변리사와 관련된 학과 및 자격증

- **관련 학과:** 지식재산학과, 기계공학과, 전기전자공학과, 정보통신학과, 신소재공학과, 건축공학과, 화학과, 생명공학과, 생물학과, 물리학과, 약학과, 법학과, 창업지식재산학과, 특허법학전공, IT특허전공, 지식산업법학과, 지적재산권학과 등
- **관련 자격:** 변리사, 변호사

5. 변리사의 직업 전망

첨단 기술이 기하급수적으로 늘어나는 '기술 폭발 시대'가 되면서 특허 출원과 이와 관련된 소송이 폭발적으로 증가하고 있다. 더욱이 지식재산이 기업과 나라의 경쟁력과 생존을 좌우하면서 많은 국가가 지식 산업을 육성하고 이를 바탕으로 국가 경쟁력을 확보하기 위해 모든 역량을 집중하고 있다. 세계지식재산기구(WIPO)가 펴낸 '세계지식재산지표 2018'에 따르면 2017년 우리나라의 국제 특허출원 건수는 세계 4위이고 인구 100만 명당 특허출원 건수는 세계 1위를 기록하고 있다. 이에 지식재산 강국으로서 지식재산권을 보호하는 변리사의 역할이 더 커지고 수요도 늘어날 전망이다. 또한 해외 기업의 특허 분쟁과 함께 우리 기업의 국제특허 출원도 증가하고 있고, 특허권을 사고 파는 특허권 시장도 현재는 규모가 크지 않지만 점점 늘어나는 상태이다. 이러한 상황을 종합적으로 봤을 때 변리사의 수요는 현재 상태보다 증가할 것으로 예상된다.

변리사

변리사가 되기 위해서는 변리사 시험에 합격하거나 변호사가 되어 변리사로 등록해야 한다. 변리사 시험은 학력, 경력, 나이 제한이 없지만 특허받는 창작물을 분석할 때 대부분 이공계 전공 지식이 많이 필요하고 시험 과목에도 이공계 과목이 있어 대학에서 이공계를 나오면 유리하다. 다만, 상표 전문 변리사 중에는 인문계 전공자도 있다.

특허청 소속 공무원으로 일정 기간 이상 특허 행정 사무에서 일한 경력이 있는 경우에는 1차 시험 전체와 2차 시험의 일부 과목을 면제받는다.

변리사 시험에 합격하면 집합 교육 250시간과 현장 연수 6개월을 이수하여 실무 수습을 마쳐야 변리사로 등록할 수 있다. 변호사도 실무 수습 관련 면제 조항이 없어져 변리사 시험 합격자와 똑같이 실무 수습을 마쳐야 변리사로 활동할 수 있다.

변리사 등록 후 일반적으로 특허 법률 사무소에 취업하거나 기업체 특허 부서, 법무법인(로펌, 종합 법률 회사), 특허청과 같은 공공 기관에서 일한다. 특허 법률 사무소에서는 주로 특허를 만드는 일을 하고, 기업체에서는 출원된 특허를 관리하는 일을 한다. 특허 법률 사무소 등에서 경력과 실력을 쌓은 후 본인이 직접 사무소를 개설하기도 한다.

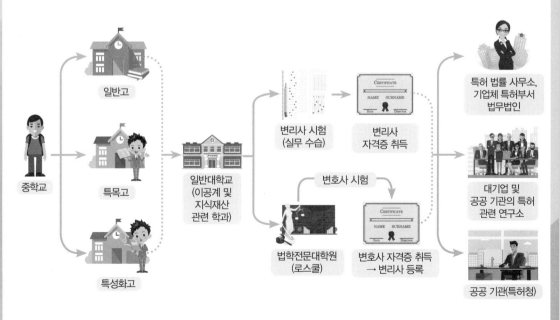

🔵 변리사의 커리어 패스

지식재산학과

학과 소개

지식재산학과에서는 지식이
재산이 되고 산업에 토대가 되는 지식
기반 사회에서 지식재산 보호와 관련된
문제를 연구한다.
지식재산권, 특허법, 경제, 경영, 법학 등의 이론과
소송 실무, 특허출원 등의 실무 능력을 바탕으로
지식재산학과 관련된 법률적 지식과 기술적
역량을 갖춘 융합형 전문가를
양성하는 것을 목표로 한다.

진출 직업

변리사, 변호사,
감정 평가사, 기업 법무 담당,
특허청 심사관, 특허청 심판관,
공무원, 기업 · 기술 가치
평가사

적성 및 흥미

어려운 문제 풀이에 도전하는 것을
좋아하고 발명에 관심이 많은 학생에게 적합하
다. 많은 서류를 다루기 때문에 핵심을 잘 파악하
고 정리하는 능력이 필요하고 꼼꼼해야 도움이
된다. 복잡한 내용을 제대로 이해하기 위해서는
논리적이고 분석적인 능력이 필요하다.
또한 말과 글로 자신의 생각을 조리 있고 정확
하게 표현하는 능력이 있어야 한다. 해외 문서
를 빠르고 정확하게 파악하기 위해서
외국어 능력이 요구된다.

관련 학과

창업지식재산학과,
IT특허전공,
지적재산권학과,
지식산업법학과

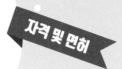
자격 및 면허

변리사, 기술거래사,
기업·기술가치평가사,
기술평가사, 경영지도사,
지식재산(IP)정보검색사,
지식재산(IP)정보분석사,
경영진단사

진출 분야

★기업체★
기업체 특허 전담 부서, 기업체 지식재산권
담당, 기술 정보 관련 회사, 특허 법률 사무소,
법무 법인(로펌) 등

★연구소★
기업 부설 연구소 특허 담당 관리 부서,
한국지식재산연구원 등

★정부 및 공공 기관★
특허청, 한국지식재산보호원, 한국특허전략개발원,
특허지원센터, 특허법원, 국제지식재산연수원,
공정거래위원회

★학계·교육계★ 대학

★동아리 활동★

과학 탐구반, 발명반 등과 같은 동아리 활동을 통해 지식재산에 대한 이해를 넓히는 것을 추천한다.

★봉사 활동★

민원 접수 활동이나 외국인 대상 교육 등과 같은 봉사 활동을 지속적으로 하는 것을 권장한다.

★독서 활동★

다양한 분야의 책을 읽음으로써 폭넓은 시각을 가지고, 친구들과 책에 대한 의견을 나누면서 논리적 사고력을 기른다.

★교과 공부★

국어, 영어, 사회 교과의 학업 역량을 키워 논리적 글쓰기와 말하기 능력을 기르도록 한다.

★교외 활동★

발명이나 모의 창업과 같은 진로 체험을 하거나 대학에서 진행하는 전공 관련 진로 프로그램에 적극 참여한다.

※ 국어, 영어, 사회 교과 수상 경력이나 발명 대회, 논술 대회 같은 행사에 참여하는 것이 도움이 된다.

보험 계리사

관련 학과
금융보험학과
160쪽

1. 보험 계리사의 세계

　　인류가 만든 위대한 발명품 중 하나로 보험을 꼽을 수 있다. 사람들이 종교를 통해 마음의 안정을 찾고 삶의 시련을 극복하는 것처럼, 보험이라는 안전장치가 있어 갑작스러운 사고나 생각지도 못한 질병 등에 대비할 수 있다.

　　역사적으로 보면 보험이 있어 무역과 탐험이 발달할 수 있었다. 인류 최초의 보험이라고 할 수 있는 제도가 함무라비 법전에 나오는데 선박의 주인이 선박을 담보로 돈을 빌려 항해를 하다 사고를 당하면 손해에 따라 빌린 돈의 전부나 일부를 면제해 주고 무사히 돌아오면 무역의 이익을 나누어 갖는 계약을 하였다. 14세기 르네상스 때는 해상 무역이 활발하였는데 기상 정보가 발달하지 않아 종종 사고가 일어나 선원과 선원 가족들 모두 걱정이 많았다. 무역을 함에 있어서도 제날짜에 못 맞출 경우 손실이 커져 이를 위한 해결책이 필요하였다. 이를 위해 해상보험이 나왔고 선원들은 좀 더 마음 편히 항해를 하게 되었다.

우리나라의 경우 1897년에 최초의 보험 계약이 있었는데 그 대상은 사람이 아닌 '소'였다. 그 당시 농가에서는 소가 중요한 노동 수단이고 재산이었기에 사람보다 소와 관련된 보험이 먼저 나온 것이다. 근대적 보험 전에는 보험과 비슷한 품앗이와 계가 있었다. 품앗이는 서로 번갈아 가며 일을 도와주는 것이고, 계는 결혼이나 장례 등 큰일을 치를 때 여러 사람이 돈이나 곡식을 모아서 필요한 사람에게 주는 것으로 품앗이와 계 모두 부족하고 어려운 부분을 채워 주었기에 보험과 같다고 할 수 있다.

이렇듯 보험은 미래의 예기치 못한 위험으로부터 우리를 지켜주는 보호막이라 할 수 있다. 이런 보험을 기획하고 설계하는 전문가가 바로 보험 계리사이다.

그것이 알고 싶다 보험 계리사와 보험 설계사의 차이점은 뭘까?

보험 계리사와 보험 설계사 모두 보험회사에서 보험 상품을 다루는 사람이다. 보험 계리사는 새로운 보험 상품을 기획하고 개발하는 전문가이고, 보험 설계사는 고객의 상황을 종합적으로 고려하여 적합한 보험 상품을 설계하여 추천하고 판매하는 전문가이다.

"이 보험은 매달 10만 원을 내면 다쳤을 때 보상금이 500만 원이 나옵니다."라고 고객에게 설명해 주는 사람이 보험 설계사라면, 매달 10만 원을 내는 것이 적절한지 계산하여 보험 상품을 만드는 사람이 보험 계리사이다. 보험 계리사를 제작자라고 하면 보험 설계사는 판매자라고 할 수 있다.

2. 보험 계리사가 하는 일

보험 계리사는 통계와 수리를 바탕으로 불확실한 상황을 평가하고 분석하는 전문가다. 즉, 미래의 위험 확률을 예측하여 보험료와 책임 준비금을 계산하여 보험 상품을 개발하는 일을 한다. 하는 일은 크게 보험 상품의 개발, 보험료와 책임 준비금 계산, 보험사의 리스크 관리가 있다.

> 고객에게 보험금을 주기 위해 보험료의 일부를 모아 둔 돈

> 보험 대상이 되는 사고나 손해 발생의 가능성을 말하며 보통 위험 요소를 가리킨다.

보험 계리사에서 '계리(計理)'란 '계산하여 정리하다.'는 뜻이다. 보험에 가입하면 같은 보험에 가입한 사람들끼리 보험료를 내는데, 같은 보험이라 해서 같은 금액의 보험료를 내는 것이 아니다. 보험료에는 여러 가지 변수가 작용하기 때문이다. 가령 나이와 성별은 물론 심지어 자동차보험의 경우 지역에 따라 보험료가 달라지기도 한다. 이러한 요인들이 모두 통계로 모아져야 하는데, 이때 확률 개념이 필요하다. 또 보험료를 낼 때, 지금의 100원과 10년 뒤 100원이 가치가 다르듯, 보험료를 내는 기간에 따라 보험료의

가치도 달라진다. 이때 이자율이란 개념이 필요하다. 이러한 것들이 보험료의 구성비라고 볼 수 있는데 이런 개념을 포함해 보험료를 계산하는 것이 계리사의 업무다. 또 보험 회사는 나중을 위해 쌓아두어야 하는 '책임준비금'도 준비해야 하는데 이런 항목의 적절한 비율을 계산하고 확인하는 것도 계리사의 업무다.

보험 상품과 관련된 국내외 제도를 조사하고 보험 시장 현황을 분석한다.

시장 조사를 통해 고객의 요구를 분석한다.

분석한 결과를 바탕으로 국내 상황과 고객의 경제력을 고려한 보험 상품을 기획한다.

수학, 확률, 통계적 방법을 적용하여 적절한 보험료와 책임 준비금, 영업 비용 등을 계산하여 보험 상품 내용을 구체화한다.

보험 계리사

최종 회의를 통해 새로운 상품을 확정하고 감독 당국의 인가를 받는다.

보험 약관과 보험 판매를 위한 교육 자료를 만든다.

판매한 상품을 모니터링하여 문제점이 생기면 수정한다. → 수시로 확인하여 관리하는 것

사고, 질병 등 보험과 관련한 통계를 관리하고 보험 위험률을 개발한다.

보험 회사의 전반적인 위험을 분석·평가하여 회사의 손익을 계산하고 재무 건정성을 관리한다.

이와 같은 복잡한 가격 산정의 과정을 통해 신 상품이 무사히 출시되고 그 상품이 환영을 받을 때 보험 계리사로서 보람을 느낀다. 소비자가 좋아할 만한 보험 상품이라고 해도 회사 입장에서는 리스크 → 투자에 따르는 위험 관리가 되지 않으면 상품화되기 어렵고, 마찬가지로 회사의 리스크 관리에만 집중하면 시장에서 환영받지 못한다. 둘 사이에서 균형을 잘 맞춰 절충안을 찾는 과정이 매우 까다로운데 이렇게 어렵게 개발한 상품이 시장에서 좋은 반응을 얻을 때 뿌듯하고 행복하다.

반면 보험에서 가장 어렵고 중요한 보험료를 계산하는 중책을 맡아 스트레스를 많이 받는다. 보험료가 잘못 계산되면 고객과 회사 모두 문제가 생길 수 있어서 정신적인 스트레스가 크다.

보험 계리사와 관련된 직업으로는 금융 상품 개발자, 손해 사정사, 보험 인수 심사원, 투자 분석가(애널리스트), 신용 분석가, 금융 자산 운용가, 증권 중개인, 선물 거래 중

개인, 외환 딜러, 투자 인수 심사원(투자 언더라이터), 부동산 펀드 매니저, 리스크 매니저 등이 있다.

그것이 알고 싶다 보험 계리사와 손해 사정사의 차이점은 뭘까?

보험 계리사와 손해 사정사 모두 보험과 관련한 금액을 따져보는 일을 하지만 서로 계산하는 내역이 다르다. 보험 계리사는 미래의 위험 확률을 예측하여 고객이 내는 보험료를 얼마로 책정하는 것이 적절한지 정하고, 책임 준비금의 적절한 비율을 계산한다.

반면 손해 사정사는 보험 사고로 인해 생긴 손해 금액이 얼마인지와 이를 위해 고객에게 줄 보험 금액이 얼마인지 계산한다.

3. 보험 계리사에게 필요한 능력

보험 계리사는 하루 종일 숫자와 씨름하며 통계 자료를 보기 때문에 수학을 좋아하고 잘 하면 좋다. 수학에서도 특히 확률과 통계에 관심이 있다면 도움이 된다. 또한 자료를 보고 분석하는 일에 흥미가 있으면 추천할 만하다. 보험의 특성상 보험료가 잘못 계산되면 고객과 회사 모두에게 불편을 끼치기 때문에 꼼꼼하고 침착하게 실수 없이 일을 하는 것이 중요하고 집중력이 강할수록 좋다. 보험금과 책임 준비금 작업을 할 때 통계 분석 프로그램을 직접 짜서 활용해야 하기 때문에 프로그래밍 능력이 필요하다. 상품을 개발하다 보면 여러 부서와 같이 일을 해야 하므로 의사소통 능력도 요구된다.

4. 보험 계리사와 관련된 학과 및 자격증

- **관련 학과:** 수학과, 통계학과, 경영학과, 경제학과, 금융 · 보험학과, 세무 · 회계학과, 회계학과 등
- **관련 자격:** 보험계리사

5. 보험 계리사의 직업 전망

경제가 발전하고 인구 고령화와 가구 구조의 변화로 보험의 주요 소비 계층이 바뀌고 고객의 요구도 과거와 다르게 다양해지고 있다. 이에 고객 상황에 따라 맞춤형 보험 상품을 개발하는 등 보험 상품이 늘어나고 있다.

이와 더불어 은행에서 증권을 판매하는 것처럼 금융 기관에서 업무 영역에 관계 없이 자유롭게 금융 상품을 다루는 금융 겸업화가 더욱 심화되면서 보험 회사뿐만 아니라 은행, 증권사 등 모든 금융사에서 보험 계리사의 역할이 늘어날 전망이다.

정부에서도 보험 상품 및 보험 가격 자율화, 보험 상품 사후 보고제 등 여러 규제를 풀면서 다양한 보험 상품 개발이 가능해졌다. 무엇보다 2021년에 새로운 국제회계기준 IFRS17이 적용되어 수시로 시가와 부채를 산출해야 하므로, 보험 계리사의 역할이 중요해지고 인력이 많이 필요할 것으로 예상된다. 보험 계리사의 업무도 과거와 다르게 회사의 리스크를 관리하고 재무, 투자, 사업 계획 수립 등 다양한 영역에서 확대되고 있다.

하지만 인공 지능이 등장하면서 보험료 계산이나 통계 분석 등 보험 계리 관련 업무를 인공 지능이 대신할 전망이다. 몇 년 전 어느 일본 매체는 일본에서 10~20년 이내에 인공 지능으로 인하여 사라질 직업을 발표하였는데 601개 직업 중 보험 계리사가 기계화 대체율이 99.83%로 10위를 기록하기도 하였다.

종합적으로 봤을 때 향후 10년간 보험 계리사의 수요는 다소 증가할 것으로 전망되지만 그 이후에는 인공 지능으로 인하여 급감할 것으로 예상된다.

그것이 알고싶다 IFRS17이란 무엇일까?

IFRS17이란 보험회사에 적용하는 새로운 국제 회계 기준으로 2021년 1월 1일부터 시행될 예정이다. IFRS17은 기존에 원가(과거의 가격)로 평가하던 보험 부채(고객에게 돌려주어야 할 보험금)를 시가(현재의 가격으로 원가에 시세를 반영한 것)로 평가하는 것이 핵심이다.

즉, 보험사가 고객에게 돌려주어야 하는 보험금을 계약 시점의 원가가 아니라 매 결산기 시장 금리 등을 반영한 시가로 평가한다. 전 세계 보험회사의 재무 상황을 같은 기준으로 비교할 수 있어 고객의 입장에서 보면 보험회사의 재무 상태를 제대로 알 수 있다는 장점이 있다.

그것이 알고싶다 국제보험계리사협회에 대해 알아볼까?

국제보험계리사협회(IAA: International Actuarial Association)는 각 보험 계리인의 특별한 이해영역을 지닌 전문 보험 계리사 협회의 전 세계적 협회로 1998년 6월 7~12일 버밍엄에서 열린 제26회 국제보험계리사의회에서 캐나다 오타와의 사무국과의 스위스 법에 따른 협회로 결성되었다. 기술적으로 경쟁력 있고 신뢰할 만한 전문성이 있으며, 공공의 이익을 보장하고 국제적 전문성 개발을 장려하는 성격을 지닌 협회이다.

보험 계리사

보험 계리사가 되기 위해서는 특정 학과를 나와야 하는 제한 조건은 없으나 업무를 하는 데 있어 수리적인 측면이 강하고 통계를 많이 다루기 때문에 수학이나 통계학과와 관련된 학과를 전공하는 것이 유리하다. 이 밖에 회계와 금융 지식도 필요하여 회계학이나 금융 공학 등을 전공하는 것도 좋다. 보험계리사 자격증은 꼭 필요하지는 않지만 취업 전에 자격증을 취득하거나 회사를 다니면서 따는 경우가 늘어나고 있다.

보험계리사 자격증은 1차와 2차 시험에 합격하고 실무 수습 기관에서 6개월 이상 실무 수습을 한 후 금융감독원에 등록해야 자격을 취득할 수 있다. 학력, 성별, 경력 등의 응시 제한은 없으며, 금융감독원, 보험회사, 보험협회, 보험요율산출기관(보험개발원)에서 보험수리 업무에 5년 이상 일한 경력이 있으면 1차 시험이 면제된다. 2차 시험의 경우 실무 경력이 있어야 풀 수 있는 문제가 많아 실무 경험을 쌓아 놓으면 유리하다.

보험 계리사는 대부분 생명 보험 회사나 손해 보험 회사의 상품 개발 팀, 계리 팀 등에서 일하고 재보험¹사, 보험 계리 법인, 연금 컨설팅 회사, 은행, 증권사, 투신사, 보험 개발원, 금융 감독원, 금융 위

> 1 보험회사가 드는 보험, 즉 보험사들을 위한 보험

원회, 보험 연구원, 보험 연수원, 보험 협회 등에서 활동한다. 경력을 쌓아 사무실을 개업하거나 외국에서 활동하기도 한다.

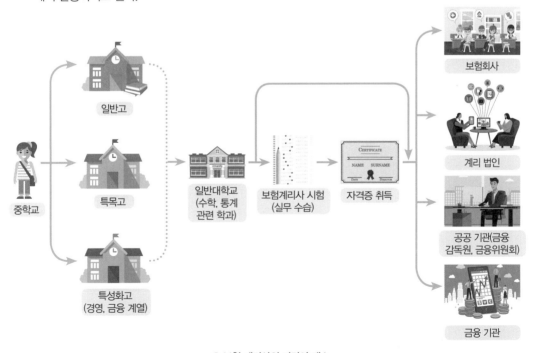

◎ 보험 계리사의 커리어 패스

대학교
관련 학과

금융보험학과

학과 소개

금융보험학과는 경영, 금융, 보험 등
경제 전반에 대한 기초적인 이론을
바탕으로 실무 능력을 키워 금융·보험 관련 전
문 지식을 체계적으로 갖추는 것을 목표로 한다.
또한 급변하는 경영 환경에서 경영 관계자에게
합리적인 의사결정을 하는 데 도움이 되는
정보를 제공하여 의사 결정을 돕고 조직
운영에 기여할 수 있는 금융 보험
전문가를 양성하는 학과이다.

진출 직업

보험 계리사, 손해 사정사, 보험
중개사, 세무사, 공인 회계사, 은행원,
증권 중개인, 금융 관련 사무원, 금융 관리자,
금융 자산 운용가, 증권 분석사, 선물 거래
중개사, 국제 재무 분석사, 재무 위험
관리사, 공인 재무 설계사, 증권 투자
상담사, 신용 관리사, 신용 분석사,
외환 딜러

적성 및 흥미

수학에 흥미가 있고 수리적인 감각이 있
는 학생에게 적합하다. 돈과 관련이 많아
수치를 정확하게 처리할 수 있는 꼼꼼하고 침착한
성격이라면 도움이 된다.
다양한 데이터 안에서 의미를 찾는 분석 능력과 상황
판단 능력이 필요하다. 컴퓨터 프로그램을 사용하여
데이터를 처리하기 때문에 프로그래밍 능력이
있으면 좋다. 돈을 직접 다루기 때문에
청렴한 직업윤리 의식이 요구된다.

관련 학과

금융학부, 금융보험부동산학과,
경제·금융보험·재무부동산학부, 보험계
리학과, 글로벌금융학과, 국제금융학과,
금융 경제학과, IT금융경영학과, 금융공학과,
금융수학과, 수리금융학과, 금융자산관리학과,
자산관리학과, 금융·회계학과, 금융투자학과,
빅 데이터·금융통계학부, 재무금융·회계학
부, 재무금융전공, 금융증권학과,
재무금융학과, 금융정보학과

자격 및 면허

보험계리사, 손해사정사, 공인회계사, 보험중개사, 세무사, 신용관리사, 신용분석사, 신용위험 분석사(CRA), 여신심사역, 외환전문역, 자산관리사(FP), 재경관리사, 전산세무회계, 전산회계운용사, 회계관리, 금융위험 관리사, 증권분석사, 증권투자 상담사, 국제금융역(CIFS)

진출 분야

★기업체★
금융 기관(은행, 보험사, 증권사, 자산 운용사), 일반 기업체, 카드 회사, 신용 평가사, 컨설팅 회사, 무역회사, 회계 법인, 리서치 회사

★연구소★
경영 · 경제 및 사회 과학 관련 국가 · 민간 연구소

★정부 및 공공 기관★
중앙 정부 및 지방 자치 단체, 금융 · 무역 · 수출입 관련 공공 기관

★동아리 활동★

경제나 신문 스크랩 관련 동아리 활동을 통해 금융 관련 지식을 쌓고 분석하는 능력을 기르는 것을 추천한다.

★봉사 활동★

관공서나 사회 복지 시설에서 자료 분류나 민원 접수 활동 등과 같은 봉사 활동을 지속적으로 하면 도움이 된다.

★독서 활동★

경제, 통계, 과학 분야 등 전공과 관련된 폭넓은 독서 활동을 권장한다.

★교과 공부★

수학Ⅰ, 수학Ⅱ, 미적분, 확률과 통계, 경제수학, 경제, 법과 정치, 영어 교과 등을 열심히 공부하여 수리 능력과 분석 능력을 기르는 것이 좋다.

★교외 활동★

금융과 관련된 진로 체험을 하고 대학에서 진행하는 전공 관련 진로 프로그램에 참여한다.

※ 수학, 사회 교과 수상 경력이나 수학이나 논술 관련 대회의 수상 실적이 도움이 된다.

20 세무사

관련 학과
세무학과
168쪽

1. 세무사의 세계

　죽음과 세금은 그 누구도 피할 수 없다는 말처럼 세금은 우리 삶과 직결되어 있다. 목마를 때 사 먹는 음료수 한 병에도 세금이 포함되어 있으며, 열심히 일해서 받는 월급은 물론 집이나 자동차를 사고팔 때, 재산을 증여받거나 상속을 받을 때 등 이익이 발생하는 금전적 거래 상황에서 대부분 세금이 부과된다.

　인류가 공동체를 꾸리고 사는 과정에서 사회 공통의 문제를 해결하기 위해 생겨난 것이 세금이고, 국민은 세금을 통해 여러 가지 혜택을 누린다. 세금은 국가의 살림을 꾸려 나가고 국민 생활을 발전시키기 위해 반드시 필요한 공통 경비인 셈이다. 초등학교와 중학교의 무상 교육이나 학교 건물, 학교에서 쓰는 전기와 수돗물 등 학교와 관련된 경비는 대부분 세금을 사용한다. 또한 우리가 밟고 다니는 도로나 다리 그리고 공원, 도서관, 문화센터 등 공공 시설도 모두 세금으로 운영된다. 국민들이 풍요로운 삶을 살 수 있도록 하기 위해서는 많은 세금이 필요하다.

역사적으로 나라마다 세금을 확보하기 위해 다양한 세금을 만들었다. 대표적인 것이 1696년에 도입된 영국의 창문세이다. 그 당시에는 유리가 귀하고 비싸 유리창이 부유함을 상징하였다. 창문이 많을수록 내야 할 세금이 늘어나자 사람들은 창문을 합판으로 가리거나 벽돌로 막아 버리기까지 하였다. 창문이 없는 건물도 나오면서 우울증에 걸리거나 높은 습도로 세균이 생겨 전염병이 늘어나는 문제가 생기기도 하였다.

이처럼 세금의 필요성에는 모두가 동의하지만 실제로 세금을 내라고 하면 가능한 한 세금을 줄이거나 피하려고 애쓰는 것이 현실이다. 세무사는 세금을 더 걷으려는 국가와 덜 내려는 국민(납세자) 사이에서 중재자 역할을 하는 세무 전문가이자, 세금과 관련된 일을 도와주는 세무 조력자이다.

그것이 알고싶다 학생도 세금을 낼까?

"소득이 있는 곳에 세금이 있다."라는 말처럼 학생은 돈을 벌지 않기 때문에 세금을 내지 않는다고 생각할 수 있다. 하지만 학생도 세금을 내고 있다. 그 세금은 바로 물건을 살 때 물건 값에 들어 있는 '부가 가치세'이다. 우리가 과자나 볼펜을 살 때 물건 값의 10%가 부가 가치세로 붙어 있다. 영수증을 자세히 보면 '부가세'라고 써 있고 금액이 나와 있다. 부가 가치세가 없는 면세 제품도 있는데 원유(흰우유)와 같이 미가공 식료품이나 도서, 신문 등이 이에 해당한다. 같은 우유라도 흰우유에는 부가 가치세가 없지만 초코우유에는 있다. 초코우유는 원유에 초코 향과 맛을 내는 물질을 넣어 만든 가공 식품이기 때문에 세금이 붙는다.

2. 세무사가 하는 일

세무사는 개인과 기업 등 납세자를 대신하여 복잡한 세무 신고를 하거나 자문을 하고 부당한 납부 고지서에 대해 세무서에 이의를 신청하는 전문가이다.

예를 들어 기업을 대신해 납세 신고서를 작성해 주고 복잡한 세법 때문에 세무 신고를 어려워하는 사람들을 대신해 세금 신고서를 작성해 주기도 하고, 국세청에서 고지한 세금이 적절하지 않을 때는 국세청에 심사 청구를 의뢰하거나 조세심판원에 심판 청구하는 것을 대행해 세금을 환급받을 수 있게 도와주기도 한다. 이 밖에도 의뢰인을 대신해 세무 조사를 받아 주거나 납세자들에게 합법적인 납세 절차를 알려주는 등 세금과 관련해서 어려운 점이 있을 때 문제를 해결해 주는 일을 한다.

세무사의 주요 업무에는 세무 상담, 기장 대행, 세무 신고 대리, 세무 조정, 납세와 관련한 행정 심판 대리 등이 있다.

↗ 돈의 수입과 지출을 적어 두는 장부를 기록하고 만드는 것

고객(의뢰인)이 세무에 대해 문의하면 상담을 하고 세무 신고를 의뢰하면 세무 대리 계약을 맺는다.

고객의 회계 장부를 대신 작성한다.

회계상 거래를 인식하고, 세무 회계 사무원이 작성한 전표와 증빙 서류가 적절한지 확인한다.

세무 정보 시스템을 이용하여 세무 신고 자료를 입력하고, 신고 서류를 작성한다.

납부해야 하는 근로 소득, 이자 소득, 배당 소득, 연금 소득, 연말 정산 등에 대한 세액을 계산하고 세무 신고한다.

세무사

종합 소득세, 부가 가치세, 지방세, 법인세 등 관련 서류를 작성하고 신고한다.

공시지가가 주변 시세보다 높거나 낮게 나오면 이의를 제기하여 수정하는 등의 개별 공시지가에 대한 이의 신청 대리 업무를 한다.

정기·특별 세무 조사에 대비하여 사전에 자료를 준비하고 조사 시, 대응한다.

세금이 과하게 나와 세무서 등에 불복 청구 시, 고객을 대리하여 소송을 진행한다.

합법적인 절세 방안을 찾아 조언한다.

세무사는 부당하게 청구된 세금이나 과다한 세금으로 힘들어 하는 사람들을 세무 상담을 통해 도울 때 보람을 느낀다. 또한 국가와 납세자 사이에서 세금과 같은 공익적인 업무로 인해 자부심과 의미를 느낀다.

예전에는 장부에 일일이 수기로 기록·계산하였으나 이제는 대부분의 세무 업무가 전산화되어 주로 사무실에서 일한다. 세무 대리 업무나 세무 자문, 거래처 유지 및 영업 등을 할 때는 해당 사업장이나 세무서, 국세청 등에 출장을 간다. 세금을 다루기 때문에 실수 없이 정확하게 계산을 해야 하고, 어려운 세법 해석을 하는 경우가 있어서 정신적인 스트레스를 받기도 한다. 업무 특성상 부가세, 연말 정산, 법인세 등 세금을 정산하는 시기에는 일이 몰려 야근을 많이 하게 된다.

세무사와 관련된 직업으로 회계사, 관세사, 감정 평가사, 경영 컨설턴트, 기업 인수 합병(M&A) 전문가, 창업 컨설턴트 등이 있다.

그것이 알고싶다 세무사와 회계사의 차이점은 뭘까?

회계사는 기업의 경제 활동 상황을 기록한 회계 기록을 감사하고 자문 서비스를 제공하는 전문가로, 세무사와의 차이점은 업무 영역에 있다. 세무사는 세무 자문 업무를 하는 데 비해 회계사는 세무 자문에 회계 감사, 재무 자문, 경영 자문 업무까지 가능하다.

3. 세무사에게 필요한 능력

세무사는 숫자를 다루는 업무가 대부분이기 때문에 수학을 좋아하고 수리에 밝으면 도움이 된다. 회계장부를 제대로 파악하기 위해서는 분석 능력이 요구된다. 회계 업무의 특성상 정확한 계산이 매우 중요하여 치밀하고 꼼꼼한 성격이 필요하다. 계산이 틀려 탈세로 몰릴 경우 가산세까지 포함하여 더 큰 세금을 내야 하기 때문이다. 이와 함께 다양한 고객을 상대하기 위해서는 대인 관계 능력이 중요하고 일을 믿고 맡길 수 있게 성실함을 바탕으로 신뢰감을 줄 수 있어야 한다. 고객의 민감한 정보와 돈을 다루기 때문에 정직함과 함께 철저한 직업윤리 의식이 있어야 한다.

그것이 알고싶다 세무 관련 직업에 대해 알아볼까?

① **국제재무분석사(CFA: Chartered Financial Analyst):** CFA는 전 세계적으로 증권·금융 기관에서 주식 및 채권 분야의 애널리스트, 펀드 매니저, 외환 딜러, 브로커(주식, 선물, 옵션) 등의 증권 금융 관련 계통의 전문가로 활동하거나 일반 기업체의 신규 사업에 대한 경제성 평가 및 재무 기획 등 재무·기획 관리 전문가 등으로 활동하고 있다. CFA 협회 측이 암호 화폐 및 블록체인 분야를 2019년 시험 문항에 추가하겠다는 공표를 했는데 이는 해당 분야가 금융의 일부로 인정받고 있음을 의미하며, 블록체인 및 암호 화폐가 점차 상용화될 것임을 시사한다.

② **국제재무설계사(CFP: Certified Financial Planner):** CFP는 재무 설계사를 지칭하는 전문자격증이다. CFP 자격 인증자는 개인 고객에게 재무 설계 서비스를 제공하는 전문가로 개인의 재무적, 비재무적 정보를 수집, 분석하고 개인의 목표에 따라 재무 계획을 수립, 실행하고 점검함으로써 개인이 재무 목표를 달성할 수 있도록 도와준다.
이 자격증은 미국의 CFP 위원회(CFP Board)와 캐나다의 재무설계사 표준 위원회(Financial Planning Standards Council), 그 외 다른 국가에서 CFP 수여를 담당하는 국제 FPSB(Financial Planning Standards Board) 소속 26여 개의 기관들이 부여한다. 우리나라에서 국제재무설계사 인증을 받으면, 우리나라에서만 자격증이 유효하다. 다른 국가에서 국제재무설계사로 활동하기 위해서는 해당 국가의 사례형 시험에 재 응시하여 합격해야 한다.

③ **재무위험관리사(FRM: Financial Risk Manager):** FRM 자격은 한국금융투자협회에서 주관하는 국내 FRM과 미국의 GARP(Global Assciation of Risk Professionals)에서 주관하는 국제 RM으로 구분된다. 재무위험관리사는 보통 국내 FRM이라고 한다. 국제 FRM은 국제 금융 기관과 기업체의 각종 금융 위험을 예측, 측정하여 적절한 대비책을 강구하는 전문가다.

4. 세무사와 관련된 학과 및 자격증

- **관련 학과:** 세무학과, 경제세무학과, 금융·세무학과, 세무경영학과, 세무회계학과, 세무회계정보과, 회계세무부동산학과, 회계학과, 경영회계학과, 경영학과, 경제학과 등
- **관련 자격:** 세무사, 공인회계사, 변호사

5. 세무사의 직업 전망

경제가 발전하고 소득이 증가하면서 세금에 대한 관심이 커지고 있다. 자유 무역 협정(FTA) 등으로 국가 간 무역 거래가 늘어나면서 국제 세무 서비스 수요도 증가하였다. 기존에 기업 안에서 처리하던 세무 업무도 그 효율성을 높이기 위해서 세무사에게 맡기고 있고, 이뿐만 아니라 정부에서 조세 제도를 개편하고 강화하면서 세무사의 영역이 넓어졌다. 기장 대행과 더불어 사업을 하면서 생기는 4대 보험, 리스크 관리 등을 세무사가 종합적으로 컨설팅하는 등 업무가 다양화되면서 세무사의 수요가 늘어나고 있다.

반면 세무 시스템이 발전하면서 전자 신고가 일상화되고 세무 회계 프로그램 이용이 증가하면서 소프트웨어를 활용하여 처리할 수 있는 업무량이 크게 늘어나면서 세무사의 수요가 줄어들고 있다. 인공 지능이 등장하면서 단순한 기장 업무는 인공 지능이 대체할 전망이다. 긍정적·부정적 요인을 종합적으로 고려했을 때 세무사의 수요는 다소 증가할 것으로 예상된다.

세무사

세무사가 되기 위해서는 세무사 시험에 합격해야 한다. 시험은 학력, 경력, 연령 등 특별한 제한이 없으나 세무사 시험 과목이 재정학, 세법학, 회계학, 법률 등이라 대학에서 세무나 회계, 경영, 경제 관련 학과를 전공하는 것이 유리하다. 1차와 2차 시험으로 구분하여 1차는 객관식, 2차는 논술형 시험으로 실시한다. 국세나 지방세에 관한 행정 사무에 근무한 경력과 직급에 따라 1차 시험을 면제받거나 1차 시험 전체와 2차 시험의 일부 과목을 면제받는다. 시험에 합격하면 6개월간의 실무 수습을 받고 한국세무사회에 등록하면 세무사로 활동할 수 있다.

세무사로 등록하면 일반적으로 세무 법인으로 취업하거나 개업을 하고 회계 법인, 법무 법인(로펌), 기업체, 금융 기관 그리고 공기업이나 국세청과 같은 공공 기관으로 진출한다.

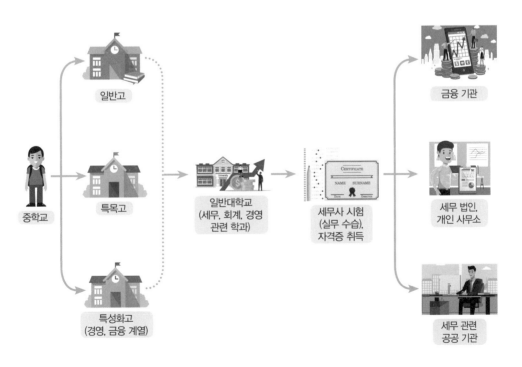

🔺 세무사의 커리어 패스

대학교 관련 학과

세무학과

학과 소개

세무학은 세금과 관련하여 법학, 회계학, 경제학, 경영학이 결합된 융복합 학문이다. 세무학과에서는 법학, 회계학, 경제학, 경영학 등의 이해를 바탕으로 세무에 대한 전문 지식을 배우고 익혀 이해 관계자가 합리적인 의사 결정을 하는 데 도움이 되는 정보를 제공하는 세무와 조세 분야의 전문 인력을 양성한다.

진출 직업

세무사, 공인 회계사, 변호사, 세무직 공무원, 감정 평가사, 관세사, 관세 행정 사무원, 금융 관련 사무원, 금융 관리자, 기업 인수 합병(M&A) 전문가, 무역 사무원, 보험 계리사, 선물 거래 중개인, 신용 분석가, 신용 추심원, 재무 관리자, 조세 행정 사무원, 출입국 심사관, 투자 분석가(애널리스트), 회계사, 회계 사무원, 관세 사무원, 금융 상품 개발자, (금융) 잡지 기자, 통상 전문가

적성 및 흥미

평소 경제 분야에 흥미와 관심을 가지고 있는 학생이라면 추천할 만하다. 교육 과정상 회계학과 법학 관련 과목이 많아 수학을 좋아하고 논리적이고 분석적인 사고력이 있으면 적합하다. 돈과 관련이 많아 이를 정확하게 처리하기 위해서 꼼꼼함과 침착함이 요구된다. 무엇보다 회계 처리의 투명성을 위해 직업윤리 의식이 필요하다.

관련 학과

세무학과, 경제세무학과, 금융·세무학과, 세무경영학과, 세무회계학과, 세무회계정보과, 회계세무부동산학과, 회계학과, 회계학전공, 경영회계학과, 경영학과, 경제학과

자격 및 면허

공인회계사, 관세사, 세무사,
경영지도사, 전산세무, 회계관리,
기업회계, 전산회계운용사, 세무회계,
전자상거래관리사, 전자상거래운용사,
변액보험판매사, 증권투자상담사,
투자상담사, 금융자산관리사,
국제공인재무분석사(CFA)

★기업체★

금융 기관(은행, 증권사, 자산 운용사),
일반 기업체, 종합 금융사, 보험 회사, 카드 회사,
컨설팅 회사, 무역 회사, 회계 법인, 노무 법인

★연구소★

경영 · 경제 및 사회 과학 관련 국가 · 민간 연구소

★정부 및 공공 기관★

중앙 정부 및 지방 자치 단체, 금융 · 무역 ·
수출입 관련 공공 기관

진출 분야

★동아리 활동★

경제 신문 읽기나 경제 이슈 토론처럼 경제 관련 동아리 활동을 통해 관련 지식을 쌓고 분석력을 기르도록 한다.

★봉사 활동★

금융 기관, 공공 기관 등에서 지속적인 봉사 활동을 하는 것을 권장한다.

★독서 활동★

경제, 통계, 사회 등 다양한 분야의 책을 통해 사고를 확장하고 논리적 사고력을 높이도록 한다.

★교과 공부★

수학Ⅰ, 수학Ⅱ, 미적분, 확률과 통계, 경제, 사회, 영어 분야에서 학업 역량을 키우도록 노력한다.

★교외 활동★

경제나 금융 관련 기관에서 진행하는 진로 체험 활동이나 대학에서 진행하는 전공 관련 진로 프로그램에 참여한다.

※ 수학, 사회 교과 수상 경력이나 수학이나 논술 관련 대회의 수상 실적이 도움이 된다.

CONVENTIONAL · 참고 문헌 & 사이트

 참고 문헌

- 김대선 외, 나의 진로를 위하여 알아야 할 대학의 모든 것, 키다리, 2014.
- 김상호, 유망 직업 백과, 노란우산, 2015.
- 단국대학교 입학처, 2019 단국대학교 학과 안내북, 2019.
- 성신여자대학교 입학처, 2019 성신여자대학교 진로 진학 가이드북, 2019.
- 우송대학교 입학처, 2019 우송대학교 전공 가이드북, 2019.
- 인하대학교 입학처, 2019 인하 전공 안내 가이드북, 2019.
- 최진규, 학과 보고 대학 가자(일반대 편), 미래엔, 2017.
- 최진규, 학과 보고 대학 가자(전문대 편), 미래엔, 2017.
- 한국대학교육협의회 대입상담센터, 2019학년도 대입정보 119, 2019.
- 한국외국어대학교 입학처, 2019 한국외국어대학교 전공 가이드북, 2019.

 참고 사이트

- 네이버 지식백과 | terms.naver.com
- 대입정보포털 | www.adiga.kr
- 사람인 | www.saramin.co.kr
- 워크넷 | www.work.go.kr
- 위키백과, 우리 모두의 백과사전 | ko.wikipedia.org
- 인천항공교통관제소 | www.molit.go.kr
- 진로정보망 커리어넷 | www.career.go.kr
- 특허청 | www.kipo.go.kr
- 한국마이크로소프트 뉴스 센터 | news.microsoft.com
- 한국환경산업기술원 | www.keiti.re.kr
- FTA 강국 KOREA | www.fta.go.kr
- LG사이언스랜드 | lg-sl.net

이미지 출처

- 게티이미지뱅크 ｜ www.gettyimagesbank.com
- 이미지포털 아이클릭아트 ｜ www.iclickart.co.kr
- 20쪽 ｜ 식물성 고기를 패티로 사용한 햄버거 ｜ namu.wiki
- 93쪽 ｜ 환경마크 ｜ www.keiti.re.kr

홀랜드 유형별
유망 직업 사전

06 관습형(C)

초판 1쇄 발행   2019년 6월 25일

저   자 | 현선주, 강서희, 오규찬, 오지연, 이영석, 한승배
발 행 인 | 신재석
발 행 처 | ㈜ 삼양미디어
등록번호 | 제10-2285호
주   소 | 서울시 마포구 양화로 6길 9-28
전   화 | 02-335-3030
팩   스 | 02-335-2070
홈페이지 | www.samyangM.com
I S B N | 978-89-5897-379-9(44300)
         978-89-5897-373-7(44300)(6권 세트)